焦菊隐与《龙须沟》

焦菊隐 等著

焦世宁 牛响玲 等编

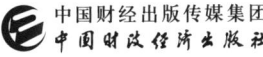

中国财经出版传媒集团
中国财政经济出版社

图书在版编目（CIP）数据

焦菊隐与《龙须沟》/焦菊隐等著. —北京：中国财政经济出版社，2020.2
ISBN 978-7-5095-1691-1

Ⅰ.①焦… Ⅱ.①焦… Ⅲ.①焦菊隐（1905-1975）—生平事迹 ②话剧剧本—文学研究—中国—现代 Ⅳ.①K825.78②I207.34

中国版本图书馆CIP数据核字（2020）第009779号

责任编辑：崔岱远　　　　责任校对：胡永立
装帧设计：陈宇琰　　　　责任印制：刘春年

中国财政经济出版社 出版

URL:http://www.cfeph.cn
E-mail: cfeph@cfeph.cn

（版权所有　侵权必究）

社址：北京市海淀区阜成路甲28号　邮编：100142
营销中心电话：010-88191537　　北京财经书店电话：010-64033436
中煤（北京）印务有限公司印刷　各地新华书店经销
787×1092毫米　32开　10.75印张　230 000字
2020年8月第1版　2020年8月北京第1次印刷
定价：68.00元
ISBN 978-7-5095-1691-1
（图书出现印装问题，本社负责调换）
本社质量投诉电话：010-88190744
反盗版举报热线：010-88191611　　QQ:2242791300

蕉荫与龙须鸡

贺庆
己亥重阳

焦菊隐先生
(1905~1975年)

中国著名戏剧家、翻译家、教育家、导演艺术家，北京人民艺术剧院创建人和艺术奠基人之一。1952年担任北京人民艺术剧院第一副院长兼总导演和艺术委员会主任，第二、三、四届中国人民政治协商会议全国委员会委员。

焦菊隐先生1928年毕业于燕京大学，曾任北平第二中学校长、北平中华戏剧曲艺学校校长，1937年获巴黎大学文科博士学位，回国后历任广西大学、广西教育研究所、国立戏剧专科学校、重庆社会教育学院、西北师范学院、北平师范大学教授，北京师范大学文学院院长等职。1950年为北京人民艺术剧院导演话剧《龙须沟》，奠定了剧院新现实主义的、民族化的鲜明表演风格，载入中国话剧史册。

序

舒济

老舍先生长女,
著名作家。

1950年的首都北京，各处残破颓败，百废待兴。市政府在有限的财力状况下整治了天桥脏臭的龙须沟，改善了老百姓的工作和生活条件。父亲老舍在喜悦的心情下，写出了话剧《龙须沟》。北京人民艺术剧院为这个戏请到了焦菊隐先生做导演。于是老舍先生和焦菊隐先生开始首次合作。这次合作，今天看来非常发人深思。它有几个特点，意义深刻。

一、导演尊重作者、尊重原著

焦先生非常尊重作者和原著，对于作者的风格、原著的内容及剧本的写法理解的深而透。从焦先生的《我怎样导演〈龙须沟〉》一文中，可以清楚地看到他是如何看待和对待这个剧本的。他写道："《龙须沟》仿佛是一座嶙峋的粗线条的山，粗枝大叶地去看，没有生活经验地去看，外表上是一无所有的。然而，这里边可全是金矿。这一次我们懂得挖掘了，所以才发现了宝藏。"他说："老舍先生夸奖我说，导演没有改动他所创作出来的人物性格，我觉得很光荣。这也正说明了导演必须怎样地热爱一个作家，尊重一个作家，并且怎样像作家一样热爱那些劳动人民，尊敬那些劳动人民，而且进一步还要和劳动人民的思想感情结合一致，才能在'裁东补西'以适应舞台条件的工作中，不致损害人物"。老舍先生在文章中说："对于剧中人物的性格，焦先生完全尊重作者的创造，没有加以改动。因此，舞台剧本与原著虽在某些地方互有出入，可是双方的人物性格是一致的，全剧的情调也是一致的。"

二、文人相助

在深刻的理解下，为了更好地表现《龙须沟》，焦先生开始反复修改剧本。焦先生说："我在处理剧本的时候，虽然'台本'和老舍先生的原作有许多完全不一样的地方，但那并不完全是为了去适应舞台技术条件，而主要却是为了要符合老舍先生的要求，为了符合我自己的生活经验中的要求，为了符合老舍先生和我的一致的'内在创造力'里所渴望使之活起来的人物和人物的思想感情的要求。我、作家、人物三位一体，打成一片，这恐怕就是新现实主义导演的创作力的主导源泉。"对于这些改动，老舍先生给予了理解和支持。老舍先生在1951年2月4日《〈龙须沟〉的写作经过》一文中写道："焦菊隐先生抱着病来担任导演，并且代作者一字一句地推敲剧本，提供改善的意见，极当感激。假若这本戏，在演出时，能够有相当好的效果，那一定是由于工作人员和演员们的工作认真与努力，和焦先生的点石成金的导演手法。"老舍先生在《〈龙须沟〉的人物》一文中，首先感激焦先生，他写道："这次，焦菊隐先生导演〈龙须沟〉，就是发现了剧本中的漏洞与缺欠，而设法略为加减台词，调动场次先后，好教台上不空不乱，加强了效果。焦先生的尽心，使我感激。"文人相助，高贵而难得。两位大师珠联璧合，相互支持才使得话剧《龙须沟》公演后获得成功，并载入中国话剧史册。

三、文责自负

话剧《龙须沟》的演出获得成功，老舍先生没有用演出剧本印单行本。他依旧用了自己的原作。在1951年2月25日的《〈龙须沟〉的人物》中，老舍先生明确地写道："我还是用原稿去印单行本，为了保存原来面貌。我希望人民艺术剧院把焦先生的舞台剧也印出来，两相参证，也许能给关心戏剧的人一点研究资料。"最终，老舍先生在1953年6月由人民文学出版社出版了《龙须沟》（修订本），成为他此剧最终的定稿。他在序中说："《龙须沟》有两种不同的本子，一种是按照我的原稿印的，一种是北京人民艺术剧院的舞台本。现在，我借用了一部分舞台本的对话与穿插，把原稿充实起来，为的是教找不到舞台本的也可以勉强照这个本子排演。因为我借用了一部分材料，所以这一本在情节上还不与舞台本完全相同。至于舞台布景的说明，在原稿中本来没有，这次我全由舞台本借用过来。我应当向北京人民艺术剧院致谢！"1951年6月，文化生活出版社出版了《龙须沟》演出本。在封面的左下角用小号黑色字体印着"老舍原著"和"焦菊隐改编"。两位戏剧大师互相尊重、互相理解、文责自负，在中国戏剧史上留下一段佳话。

四、《龙须沟》的合作在中国戏剧史上具有多重开创性意义

首先，老舍先生尝试了一个与以往不同的戏剧结构。他没有通过一两个主人公讲述一个有开始、高潮、结尾的故事，而是描绘了龙须沟边上的一个破院子里的四户人家，通过刻画这四户人家的人物，通过他们的命运讲述他们和臭沟的关系，表现臭沟的罪恶。他在《〈龙须沟〉的人物》一文中说："每个人有每个人的性格、模样、思想、生活，和他（或她）与龙须沟的关系。这个剧本里没有任何组织过的故事，没有精巧的穿插，而专凭几个人物支持着全剧。没有那几个人就没有那出戏。"父亲是在激情和探索中写下了《龙须沟》。事后在《〈龙须沟〉的写作经过》一文中承认"这个戏很难写"，为要"说明龙须沟的罪恶"，"写《龙须沟》是个最大冒险"。剧本交稿后，人民艺术剧院能否用，上演效果如何，他心中没底。焦先生以同样探索的精神，以他深厚的戏剧理论、丰富的舞台导演经验和开放的态度，让这样一部故事性不强的文本最终得到精彩的舞台呈现。他们二人的这次合作实则是一次剧本创作和导演手法双重开创性的探索。

其次，焦先生通过此剧开创了人民艺术剧院的新现实主义的演剧风格。六年后的1956年，老舍先生创作了话剧《茶馆》，仍由焦菊隐先生导演。这是他们的第二次合作。《茶馆》延续了《龙须沟》的戏剧结构。这种新的话剧结构后来被学者称为"社会历

史横断面下的人物系列式""故事内容碎片式"……焦先生也总结了他在《龙须沟》中得到的经验,通过《茶馆》深化了他的新现实主义的、民族化的演剧风格。最终焦先生指导的《茶馆》成了话剧史上的经典名作。没有他们的两次合作,就没有享誉世界的《茶馆》。他们二位携手共同为我国话剧的发展作出了杰出的贡献。

回顾他们的合作,我总是感动。每次看《龙须沟》和《茶馆》的演出,我总是想起焦先生。他高贵的人品、旷世的才华、渊博的学识和深刻的思想融在这两出戏里,会感染一代又一代的观众。我深深怀念焦菊隐先生。

2018 年 11 月

目录

- 01　前言 / 焦世宁

1951年《龙须沟》首次演出本 / 老舍原著，焦菊隐改编

- 08　1951年《龙须沟》首次演出演职员表
- 12　第一幕
- 60　第二幕
- 102　第三幕

焦菊隐与《龙须沟》

- 150　我怎样导演《龙须沟》
- 169　导演的艺术创造
- 241　《龙须沟》所引起的话
- 244　《龙须沟》里的舞台人物形象
- 248　《龙须沟》创作散记
- 258　排演《龙须沟》焦菊隐致副导演及其他工作人员的信
- 274　焦菊隐致于是之、叶子的信

《龙须沟》1953年公演门票

281　众人眼里的《龙须沟》

- 283　《龙须沟》写作经过 / 老舍
- 287　几件服装的说明 / 牛星丽
- 301　焦菊隐先生 / 任鸣
- 305　焦菊隐导演：新中国成立后的起跑点 / 郑榕
- 309　我所知道的焦菊隐先生 / 李滨
- 317　"打铁"的故事 / 牛响玲
- 321　昔日龙须沟，今日金鱼池 / 赵秋洁

前言

焦世宁

焦菊隐先生之子,
北京菊影戏剧研究中心发起人。

《龙须沟》是由伟大的文学家老舍先生编剧，我的父亲著名戏剧家焦菊隐先生导演，新中国成立后第一部歌颂中国共产党市政改革业绩的话剧。作为北京人民艺术剧院的开山之作，六十多年来场场爆满，一票难求，至今仍然是剧院的传统保留剧目。

当年还在北京师范大学文学院任教的父亲，接到《龙须沟》剧本时被老舍先生创作的生动剧情深深感动，"为了要符合老舍先生的要求，为了符合自己的生活经验中的要求，为了符合与老舍先生相一致的'内在创造力'里所渴望的使之活起来的人物和人物的思想感情的要求"，父亲与作家、人物三位一体，改编剧本。引用老舍先生长女舒济女士在本书《序》中一言："文人相助，高贵而难得。两位大师珠联璧合，相互支持才使得话剧《龙须沟》公演后获得成功，并载入中国话剧史册。"

由于《龙须沟》当时的演员们大多是缺少生活经验和舞台经验的年轻人，父亲作为导演，一字一文地帮助演员理解创造角色，提出必须到龙须沟当地体验生活。他要求每位演员准备两个日记本，一本交给导演审批，用另一本做记录。即使是群众演员也要做演员自传、动作总谱……通过导演与演员的共同努力，话剧《龙须沟》以完美的舞台艺术形象、鲜明的人物性格、浓郁的生活气息和地方色彩，展示出现实主义舞台艺术的华彩。

我在努力学习、研究父亲的学术与艺术的时候，偶然搜集到了1951年由当时的文化生活出版社出版的署名为"原著老舍、改编焦菊隐"的《龙须沟》最原始的演出本。其内容与现在流行的版本大有不同，尤为珍贵的是，这个演出本除对时间、地点、人物及场景作了极为详细的描述之外，还对效果进行了生动的安排。例如，为了突出人物情感或台词对话精心安排了极具特色的背景音"老北京叫卖声"，甚至对叫卖声的远近大小都做了详尽说明，生动烘托出人物的心理变化和舞台氛围。这部分作为背景的"老北京叫卖声"后来被北京人艺的老艺术家们改编为"叫卖组曲"，在1983年中央电视台春节联欢晚会上独立演出，至今仍受到众多观众青睐。更加珍贵的是，台词之间用括号所标注出的两种解释交代，一种详细讲解了人物的心情和动作、语气、态度，如是什么样的心情，在干什么，如何干，用什么样的语气，怎样的态度等等；另一种详细标示出发音。例如第一幕刚开始，娘子：（劈着劈柴）水倒是掏完啦，干生还能干生得了吗？（赶苍蝇）我溜溜儿一宿（读如朽）没睡，弄（读如no）得哪儿都是活（读如猴）脏活臭的！我个人理解，这可能是由于当时的演员来自全国各地，还没有一个统一的表演风格，对老北京话的发音也了解不够，通过这些括号内的注解有助于演员准确把握表演内容。可见家父在剧本改编过程中花费了多少心血，导演和演员下了多大的工夫才成就了这部不朽的话剧《龙须沟》。

编排此书时，我们得到了北京人民艺术剧院领导的大力支持和帮助，特此鸣谢！任鸣院长在百忙之中为此书专门写了文章，剧院戏剧博物馆提供了大量照片和资料。老舍先生的长女舒济女士在身体不适的情况下还坚持为本书撰写了序言。舒济女士的女儿王晴女士给予了热情的帮助。老艺术家郑榕先生不顾高龄接受采访，并写下了极其珍贵的文章。当年剧中人物二春的扮演者老艺术家李滨女士如今已九十高龄，特意专程为家父扫墓并撰写出宝贵的文章。天坛街道工委书记赵秋洁女士百忙之中特意写文章对比了龙须沟的今夕。已故表演艺术家、画家牛星丽先生对《龙须沟》服装的说明及生动的设计图也为本书增加了风采。

  作为后人，我们尽己所能，将搜集到的这部新中国话剧开山之作的相关文献和背景资料整理编辑成书，希望能够让更多热爱戏剧、热爱北京人艺的朋友们深刻理解这个剧目，领略经典之所以经久不衰要经过怎样的努力和艰辛，感受中国话剧走过的非凡历程。我想，这既是对前辈先贤们的一份敬意，也是为传承北京人民艺术剧院表演艺术风格，为弘扬中国传统文化事业做出的一点贡献，更是对建国 70 周年的献礼。

焦世宁
2017 年 6 月

1951年《龙须沟》首次演出本封面

1951年《龙须沟》首次演出本

老舍 原著
焦菊隐 改编

1951年《龙须沟》首次演出演职员表

原著：　　　老舍
改编：　　　焦菊隐
导演：　　　焦菊隐
助理导演：　金犁、凌琯如
舞台设计组：陈永祥（装置）、江里（装置及道具）、
　　　　　　黄群（灯光）

—— 演员表（出场先后为序）——

[剧中人]	[扮演者]
王大妈	黎频
王二春	李晓蓝、李滨
丁四嫂	叶子
程娘子	A韩冰、B林纳
程疯子	于是之
小妞子	孙葆英
赵老头	郑榕
刘巡长	李大千
丁四杨	杨宝琮
二嘎子	郭东海
冯狗子	罗式刚

1951年《龙须沟》首次演出本

刘掌柜	英若诚
人民警察	韩象治
王五	沈默、赵宗信*
老六	胡浩、郭宗佑*
男群众	张成、牛星丽、李翔、高鸿亮*
女群众	孟瑾、吴淑昆、蒋瑞、吴世良、李晓蓝、白儒珍、李立青、关韬、黎路、包瑛、张蕴如、白爱蓝*、汪玮*、王镇如*
挖沟工人	蓝荫海、赵恕、叶丹、吴虹*、蔡仲秋*、刘洞*

——职员表——

前台主任：	黄山
文字宣传：	蒋瑞、胡浩、叶丹
美术宣传：	本院演出处设计室
摄影：	游振国
票务：	穆嘉宾
演出会计：	洪景莲
联络：	秦茂
舞台监督：	凌琯如、任一如
剧务：	孙世荫
后台主任：	孙世荫
装置：	冯殿忠（组长）、张厚一、慈德全、郑乾、徐葳、艾群、陈于时、王寿年、金振海、孙珂、李树才
灯光：	张罗（组长）、管志坚、陈志新、富国俊、祁承锦、

	王敏忠、孙毅
道具：	陈兆南（组长）、叶丹（组长）、蓝荫海、牛星丽、张成、蒋瑞、李立青、白儒珍、白爱蓝*、蔡仲秋*、韩象治*
效果：	英若诚（组长）、吴淑昆、赵恕、林纳、夏浦珊、孙世荫、李恺*、高鸿亮*、郭宗佑*、王镇如*
服装：	包瑛（组长）、吴世良、孟瑾
化妆：	董淑英、黎路
司幕：	孙敬

（注：此表为1951年北京人民艺术剧院首次排演《龙须沟》时作为保留节目的演职员表。凡有*号者，均系只参加首次演出而不参加保留节目的人员。）

1951年《龙须沟》首次演出全体演职员和参观彩排的来宾合影

第一幕

时：一九四八年北京解放前，一个初夏的上午，昨夜下过雨。

地：龙须沟。这是北京天桥东边，金鱼池西边的一条有名的臭沟，沟里的水完全是稠泥浆，夹杂着垃圾、破布、死老鼠、死猫、死狗和偶尔发现的死婴。附近硝皮作坊、染坊、所排出的臭水，和久不清除的粪便，都聚在这条早已经朽腐的沟水里，一起发霉，不但叫它的颜色变成红红绿绿的，而且气味也叫人从老远闻着就要作呕，所以这一带才俗称为"臭沟沿儿"。沟的两旁，住得密密层层的全是各种劳动人民——卖力气的和耍手艺的。他们终日，终年，终生，都挣扎着生活在这个肮脏腥臭的、危险的环境里。房屋随时倒塌；没有厕所，更谈不到厨房；没有自来水，只能喝又苦又咸又发土腥味的井水；到处是成群的跳蚤，打成团的蚊子，和黑压压一片的苍蝇，传染病猖獗，随时都有死亡在等待着。

每逢下雨，不但街道整个变成泥塘，而且臭沟里的臭水，就漫出槽来，带着粪沫和生了大尾巴的蛆虫，流进居民们比大街还低的院子，淹进屋子，浸泡了一切东西。有的时候，臭水还带着死猫、死狗、死孩子，漫到土炕以上。满屋子都是大蛆在蠕动着；人也就仿佛是其中一个凄惨地蠕动着的蛆虫。

人：王大妈——五十多岁的寡妇，以焊镜框为业。

王二春——大妈的二女儿，十九岁，认识几个字。

丁四嫂——三十多岁，以缝背心，锁纽扣眼儿为业。

丁　四——三十多岁，四嫂的丈夫，三轮车夫。

二嘎子——十二岁，丁四的儿子，拾煤核儿，摸螺蛳。

小妞儿——九岁，二嘎子的妹妹。

程疯子——四十多岁，落魄的艺人。

程娘子——三十多岁，疯子的老婆，摆香烟摊儿，代卖些零星日用品。

赵老头——六十多岁，泥瓦匠，没儿没女。

刘老总——警察，四十来岁。

冯狗子——二十四五岁，天桥的地痞，有名的恶霸头子黑旋风手下的一个狗腿子。

景：龙须沟的一个典型小杂院。院子不大，只有四间东倒西歪的破土房。门窗都是东拼西凑而成的，一块是古老的花格窗，一块又是洋式，再一块也许是日本式，上边有的糊着破碎不堪的发了黄的窗纸，有的干脆用破木板或碎席子掩住，即或有一两块小小的玻璃，也已经被尘埃、烟和风沙等等熏渍得不透亮了。

　　台右，北房是王家，门口摆着水缸和几只破木箱；一张半方桌放在从云缝里射出来的阳光下，上边晒着一个大包袱；王大妈正在生着焊活和做饭兼用的小煤球炉子。台上，东房，右边一间是丁家，屋顶上因为漏雨盖着半条破苇席，用破砖压着，绳子拴着；檐下挂着一条发旧的车胎；门口挂着一条破红布门帘；门前除了一个大火炉和几件破碎的三轮车零件外，几乎是一无所有。左边一间是程家，门上挂着一条下半截已经脱落了的破旧竹帘；窗子上糊着许多香烟片；门前有一棵发育不全的小枣树，借着枣树搭起一个小小的喇叭花架子；架子底下，靠左上角，是用泥砌成的一座柴灶；娘子正在劈着劈柴，烧火，蒸着窝窝头——给疯子预备早饭。（这一带的劳动人民，大多数一天只吃两顿饭。）台左，上，柴灶的后边，是倒了半截的院墙墙角：从这里望出去，可以看见远处的房子，稀稀落落的电线杆子，和一片密云弥漫的阴沉天空。台左，南边中间，是这个小杂院的大门楼，又低又窄，出进的人都得低头。大门外是一条狭窄的小巷。对面有一座古老破旧的但是很高大的房子，它的阴森森的黑剪影像个魔掌一般沉重地压在这个小杂院的头顶上；大房子的角落上，高高悬着一块金字招牌——"当"。左中下，又是一段破墙，左下，是赵老头子所住的一间屋子，门关着，门前放着泥瓦匠所用的较大的工具；一条长凳，一口倒放着的破缸，缸后堆着垃圾、破砖头。娘子的香烟摊子、出卖的茶叶和零星物品就暂借这些地方晒着。满院子横七竖八的绳子上，晒着各家的破衣服破被子。脚下全是湿泥，有的地方垫着炉灰、砖头，或者木板。房子的墙根墙角，全发了霉，生了绿苔。天上的乌云并没有散开，在缓缓地移动着，所以太阳一阵射出来，一阵又收回去。

焦菊隐与《龙须沟》

《龙须沟》第一幕舞台设计图

开幕时：

　　门外买青菜的和卖菜的讨价还价声，卖烧饼、麻花儿的叫卖声逐渐远去。当铺的无线电收音机里正放送着《三轮车上的小姐》。附近传来打铁声和风箱声。丁四的屋后，是铁作坊的天窗，红光一亮一亮地闪着。左方，传来打铁皮做洋铁壶和洋铁盆声和大锯匠锯木材的声音。这些工作声，一直在继续着，有时轻，有时重。

　　程娘子坐在柴灶前的小板凳上劈劈柴，烧火。小妞子从大门前的墙根搬过一些砖头来，把院子铺出一条走路。丁四嫂正在用破盆在房屋门口淘屋子里所渗进去的雨水。

　　二春抱着几件衣服走出来，仰头看看刚探出头来的太阳，把衣服搭在绳子上晒。大妈生好了煤球炉子，仰头看看天色，小心翼翼地抱起半方桌上的大包袱来，往屋里收，二春正回到房门口，顺手接进去。大妈从门口提一把水壶，往水缸走去，可是心里不放心二春抱进去的包袱，眼睛还盯在二春的身上。大妈抄起水瓢来就往水缸里取水，水瓢淘到了缸底。

焦菊隐与《龙须沟》

《龙须沟》首次演出第一幕布景

大妈　哟！二春，可又得挑水啦！（缸里只剩了半瓢水，盛在壶里，放到火炉上）

[二春匆匆跑出来，搬起半方桌就往屋里走，脚下一滑，把垫在水洼里的破砖头给踩翻，泥水溅到大妈的脸上和身上。小妞子垫好了院子，去接四嫂正在淘得满满的一盆雨水，蹒跚地往大门口走。

大妈　咳，这孩子！（一边用围裙擦着脸上的泥，一边追着二春进去）

四嫂　（向小妞子）端稳了，看别又撒一地，院子里刚刚淘干净！没喽魂儿啦？

[买青菜的成交了，卖菜的开始走了。叫卖声——"青菜萝卜哟青菜嘞黄瓜架扁豆喂！"逐渐远去。

[小妞子一到大门口，就把水泼在门外。

四嫂　远几步倒，倒到沟里去，回头还不又渗进院子里来？！（小妞子委屈地看了四嫂一眼，走回来。四嫂向娘子）娘子，你起得倒早哇，你们屋里都干生啦？（搔撩腿上的跳蚤）

[远处卖驴肉声。

娘子　（劈着劈柴）水倒是掏完啦，干生还能干生得了吗？（赶苍蝇）我溜溜儿一宿（读如朽）没睡，弄（读如no）得哪儿都是活（读如猴）脏活臭的！

[大妈和二春，往屋子外边搬运焊镜框的工具。

四嫂　我还不是整宿儿都没睡？！

娘子　别的东西不要紧，这点儿烟和这儿点茶叶，单怕水，一受了潮可就全完啦！

[卖驴肉的叫卖声渐近。

大妈　（正搬运着东西，关心地，诚恳地）哎哟，弄湿了吗？

娘子　（灶已烧好，正走过来蹲在那里，在一个小炕桌上切咸菜）还好，没有，累您惦着，大妈。（重音在大字）

大妈　阿弥陀佛！要说娘子你可不容易呀，这么多年啦，可真亏得你一个人儿挣歪啦！

二春　疯子抹（读如妈）不下脸儿来卖苦力气嘛！……

大妈　少多嘴多舌的，姑娘人家！……（"驴肉！"）

娘子　要说二春的话可也对。（"驴肉！"）（一阵阴沉的心情）咳！不过疯子倒也怪可怜的啊！（进屋子去拿东西，出来继续做她的工作——把蒸笼揭开，取出窝头来，盛在盘子里几个，连切好的咸菜、筷子，都摆在炕桌上。然后收拾自己的烟摊子，在包瓶罐的包袱里也放进两个窝头。）

[四嫂又递给小妞子一盆淘满了的水，小妞子小小心心地端着往外走。

[卖驴肉声渐远。

四嫂　出了胡同口儿，倒在沟里头，费不了一两步。

娘子　哟，那可不行，四嫂，可别叫妞子到臭沟沿儿上去（连忙放下手里的工作），妞子，来，交给我（走过去要接盆，小妞子不肯），我给倒去！（小妞子不肯）

四嫂　咳，哪有那样儿的！妞子，快走吧！（小妞子跑下）
娘子　（向妞子的后影儿喊）可得留神哪，地下滑，别看掉到沟里去！
小妞　（在门外）是喽，娘子大妈！（重音在大字）
娘子　四嫂，你可别太大意了，这条沟可有毛病，常淹死孩子……
四嫂　穷人哪有那些讲究儿，是儿不死，是财不散！
娘子　可别这么说，四嫂，你瞧小妞子病病歪歪的，可得找个人瞧瞧，总这么耽误着不是事！
四嫂　还找人瞧呢！您瞧她爸爸，昨儿个晚上，索性就给个不回来，今儿个就得扣锅底，哪儿有钱哪！
二春　（一边吃着窝头，一边焊着活儿，一边不停时地擦汗，搔痒，赶苍蝇）刘老总儿那天串门来，不是说有个先生施诊，他可以带小妞子去瞧，不要钱吗？
大妈　（动作同二春；向二春，申斥地）少废话！荐卜不荐医，人家老总儿不过是那么说说！

　　[卖油的打梆子声。无线电放着广告：买染色。
　　[隐约地听见远远有小妞子的哭声。娘子一愣，但是手里的活儿太忙，丢不下。二春竖起耳朵来听，马上跳起来就往外跑。

二春　四嫂……（四嫂没有听见）
大妈　又往哪儿撞丧去？这么大的丫头啦！
二春　（跑着，也没有来得及回头）小妞子……（四嫂和大妈这才一怔。娘子满手里拿着东西，跑到门口，向远处张望）
娘子　（焦急地回头）四嫂，快去看看，小妞子……（急忙放下东西，

也想跑出去，可是二春已经领着小妞子进来）

四嫂　（已经明白是小妞子摔了跤）怎么不淹死她个小屄养的！（嘴强，心里究竟惦念，所以未免慌张形于脸色，急忙往外跑时，正赶上小妞子哭着进来，便没有好气地拉着小妞子往里走。小妞子跌了一跤，大襟上，裤子上，手上，全是泥，脸上也撞了一块。小妞子知道这一下又非挨骂不可，甚至怕挨打，便死赖在那里不肯走，哭声更放大了。娘子跑到自己屋门前去找手巾；二春把破盆送到四嫂窗下。四嫂一手硬拉着小妞子，另一只手抄过一条黑得像抹布的毛巾，给她擦着骂着）叫你走道儿瞧着地，别看掉在臭沟里去，沟里可淹死过孩子，还没有抓着替身儿呢！跟你说过多少遍啦，你就一死儿的不听！成天像没了魂儿的似的！我是前辈子造了孽啦！你爸爸敞开儿不回家，你还给我添腻味！

大妈　四嫂，万般皆有命，半点儿可不由人哪！别净拿孩子们撒气！

娘子　（把自己的小板凳搬过来，抚慰着小妞子，亲切怜爱地）好孩子，别哭了！哟，怎么又摔了火疖子啦！快别再挨老阳儿底下晒着啦！坐在阴凉儿地儿里凉快凉快吧（拉小妞子到赵老头儿的门口，按她坐下！不知道用什么方法叫妞子不哭才好，于是从晒着的玻璃瓶子里取出一块出售的糖来），妞子，给你块糖吃……

　　　　［妞子接过去。娘子蹲下去抚摸她，想引逗她笑出来。

四嫂　娘子，你留着卖吧！

娘子　咳，一块糖罢咧！（向妞子）可别哭啦，看哭出一身痱子来！（给她擦眼泪）

四嫂　得啦，别嚎丧啦！你妈还没咽气呢！（说完回到屋子里，把湿衣服抱出来）

疯子　（在屋里）小妞子……怎么啦？别哭啊！等我起来给你唱一段儿。

妞子　（疯子一开口，就高高兴兴地站了起来，向娘子耳语，指着娘子屋门笑。娘子也笑）疯大爷（重音在大字），快起来跟我玩儿……（说着要往疯子的屋里跑，半路上被抱着湿衣服出来的四嫂截住）

四嫂　你敢去玩儿，快帮着我搬东西，我好做活儿，晌午的饭还没辙哪！

[妞子突然站住，看了四嫂一眼，低下头去，不情愿地往屋里走。

娘子　（向屋里）给我起来吧！瞧你还像话吗？

疯子　（在屋里）叫我起，我就起，尊声娘子别生气！

小妞　（被吸引住，回头偷偷看了四嫂一眼，然后扒在疯子的窗上，向里边耳语）疯大爷……

疯子　（在屋内大声地耳语）别忙，等我穿上大褂儿！……

四嫂　（与疯子同时）妞子！……

[妞子又怕又气地回头盯了四嫂一眼，匆匆下。

娘子　（在收拾着烟摊子）四嫂，要说小妞子可真招人疼，难怪疯子成天地逗着她玩儿呢。

四嫂　（正晾着衣服）还招人疼呢，整天儿贪玩儿。

娘子　咳，小孩子可哪儿有不贪玩儿的呀。
　　　[妞子搬着东西，眼睛盯着疯子的门口，蹒跚着走出来。

四嫂　你要是走道儿眼睛不瞅着地，摔了东西，看我不揍你的……

妞子　您怎么不管哥哥呢？他一大清早儿就溜出去啦，什么事也不管（不高兴地把东西放下，急忙又进屋子里继续往外搬东西）。

四嫂　（往回走）他！你等着，他回来看我不揍扁了他才怪呢。

娘子　四嫂，二嘎子不是趁着这阵子晴天儿，出去捡煤核儿去了吗？他也总算出去奔（去声）去啦。咳，大雨的天儿，可捡得着什么呢，可别净拿孩子们撒气。

妞子　（正又搬着东西走出来）是啊，爸爸干脆不回来，净拿我（读如唔）们……

四嫂　（在屋门口整理东西）甭提他！他回来我要不跟他拼了我改姓儿！

疯子　（在屋门口内）叫四嫂，可别去拼，一日夫妻百日恩……

妞子　（冲过去）呱唧唧呱唧呱唧唧呱！……

四嫂　（揪着小妞子一只胳膊往回下里拉）你给我过来……

娘子　（与四嫂同时开口）别净耍贫嘴啦！东西都摆在这儿啦（看看已经在枣树荫凉下放好的小炕桌），我得上市去啦。
　　　[天上一块行云，把阳光遮住。
　　　[疯子端着洗脸盆，拿着手巾走出来，向大家打招呼。

疯子　王大妈、娘子、四嫂、姑娘们。（大家反应，回话。疯子把蒸锅里的热水盛在脸盆里，开始洗脸）

妞子　（又跑过来）疯大爷，数一数，我给您打家伙！

四嫂　（才一转身，又发现小妞子溜跑过去了，追过来扯着小妞子的耳朵）你先干活儿！

[小妞子继续帮助四嫂整理东西；四嫂又抱着湿被子到大门口去晾。

娘子　你这么大的个人，怎么净找小孩子玩儿，成天的数来宝，正经事也不想想，净学耍骨头的，这算是哪一门哪！（倒吸了一口气）……咳……

疯子　娘子，你这话可叫我听着伤心哪，我难道不想干点儿正经的吗？背时会呀！（娘子向四嫂拍拍手掌，表示对疯子失望。四嫂叹息地摇摇头。疯子转向四嫂）四嫂子，这人要是一倒了霉呀……唉！可就甭再提啦……

娘子　咳，你又来了不是！……（要掉眼泪，但是忍住了，又向四嫂说）他就是这么个脾气，叫人可有什么法子！好在都是老街坊啦，要是碰见个生人，还不得叫人笑话死吗！咳！

四嫂　谁还笑话谁呀？他总比我那口子强啊！他不就是心眼儿上有点儿毛病吗？我们那口子倒是没有毛病，就是不好好儿的干，蹬不着钱吧他泡蘑菇，蹬着了钱，他能一下子都喝了酒！（往回下里走）

[远处叫卖声——"有破烂儿的我买！"

疯子　（唤住四嫂）四嫂，您可别说我有毛病，您看，这臭沟、臭水、臭人、臭地、臭鞋、臭袜子，可叫我怎么办哪……哪儿有咱们的份儿呀！（四嫂不答，走开。疯子自己背转过身去，擦着脸，满腔积郁表现在一句单弦的调子里，有腔无字地低唱着）唉咳唉咳唉咳呦！（叫卖声更近——"有旧衣裳我买！")想当初，在戏园，唱玩艺儿，挣洋钱，欢欢喜喜天天赛过年……（叫卖声更近——"有破烂儿的我买！"）唉！（强作高兴地）妞子，"有一天，沟不臭，水又清，国泰民安享太平！"

妞子　呱唧呱唧呱唧呱。

[门外走过一个满身褴褛的老太婆，曲背，背着破筐子，吆喝着凄惨而抑扬的调子——"有破烂儿我买！有破鞋烂纸我买！"

娘子　（苦笑）瞧你这份疯疯癫癫的，你先吃点儿东西吧。王大妈，四嫂，多照应着点儿，我上市去啦。（理理衣服和头发）

大妈　街上全是泥，你怎么摆摊子呀？

娘子　我看看去呀！不去吃什么呀，（蹲下去紧紧破皮鞋带子）一阴天我心里就堵上个大疙瘩，（仰头看看天色）今儿个不至于再下了吧？

大妈　早看东南，晚看西北，你去看看那东边儿的天气可怎么样了？

娘子　我瞧瞧去，（走到墙角的缺口处一望，吓了一跳）哟，可有块带根的黑云彩！

[无线电广播报时前的音乐。

大妈　哟……

四嫂　是吗？……

二春　啊！？

[全院子的人都惊慌了，个个站起来去看，二春更跑到大门口。

娘子　这要是一连阴天，可就得瞪着眼儿挨饿，赶到六月家几儿就更甭提啦！（挎起烟摊子，提起包袱往外走）
[无线电："刚才钟声中原时间八点整，八点整……"。
[大家忧郁地，担心地，慢慢回到原处坐下。

妞子　妈，我跟娘子大妈去！
四嫂　不许去！
妞子　不，我偏要去吗！（追到大门口）
[远处算命瞎子的鼓声——沉重的，迂缓的声音。
娘子　（在大门口）妞子你等着啊！等我赚了钱回来，给你买个小金鱼儿啊。刚才你不是还摔了一跤吗？
妞子　不嘛！
娘子　别看再摔到沟里去！乖，啊……（下）
疯子　（过来拉住妞子）妞子，别去，看掉到沟里去，你要小金鱼儿，咱们买……
妞子　走走，疯大爷咱买小金鱼儿去，走！
[鼓声近。
疯子　（拍拍自己的空口袋）等你娘子大妈回来，咱们准买！来先给你这个玩儿。（领着妞子到赵老头儿的门外，找东西玩儿，没有找到）
[天色更暗了些。
四嫂　我说疯子，要说你媳妇可真不算容易啊，咱们街坊邻舍（读如失）的住了这么多年啦，风风雨雨的，哪天不出去奔，赚点儿钱，甭说你，还惦记这个那个的呢，你怎么就不……（疯子听了怔住，小妞子莫名其妙地仰望着他似哭似呆的

27

　　　　脸。王大妈赶快咳嗽一声，向四嫂连连摆手，指指疯子，四嫂急忙把话停住）

　　　　[鼓声——"咚——咚——咚。"

妞　子　疯大爷，你怎么啦？给我找玩艺儿呀？

疯　子　（从出神儿中苏醒过来）噢，对啦，对啦，找玩艺儿去……

　　　　（拉住妞子往自己屋子里走）

　　　　[赵大爷扶着门框走出来。

　　　　[无线电广播的《劝君》，随风飘来，时大时小。

赵　老　有开水吗？给我点儿开水喝。

疯　子　赵大爷醒啦！（急忙推妞子过去）

　　　　[疯子，二春，妞子都一齐跑到赵大爷面前扶他坐下，大妈欠欠身，四嫂站起来。

全　体　（一齐）赵大爷,（重音在大字。大妈称"大哥"，妞子称"爷爷"）您好点儿了吗？

赵　老　唉，唉……（点头表示谢的意思，一边赶着苍蝇蚊子）

大　妈　你看只顾了穷忙，把他老人家给忘了。二春先做点儿开水。

二　春　（往回跑）我找氽子去。（入屋中）

四　嫂　赵大爷，你要吃点儿什么呀？

疯　子　四嫂，您忙您的活儿，我是个闲人，我来伺候他！赵大爷，今儿早晨觉乎着好点儿吗？

　　　　[远处收卖破烂儿的打小鼓声。

赵　老　这阵子又来了劲儿啦。

二　春　（跑去拿了水氽子，到水缸一看，没有水，把水壶里仅有的那一点儿水倒到氽子中）妈，水可就剩了一点儿啦！

小妞　我打水去!

四嫂　你歇歇儿吧!你就行啦。刚摔了个筋斗就忘啦?

疯子　(刚扶赵老坐好)我挑水去!(提上鞋后跟,找桶)大妈,咱桶呢?

大妈　可说谁去帮帮他呀!疯子腿脚儿不利索,别看再给滑到沟里去!

二春　我去!我去!(说着就过去提桶)

大妈　二春,要不紧着赶出来,误了活儿,人家柜上可不答应……

《龙须沟》首次演出剧照:疯子帮妞子担水

二春　（迟疑不决）疯子一个人儿怎么行呢？
四嫂　要不价——妞子，你就去吧，好在是俩人儿，你可留点儿神，慢慢地走！
　　　[坐下来开始缝背心边儿。
　　　[妞子高高兴兴地把水桶从二春手里接过来，跑到大门口。疯子拾起扁担。

二春
赵老　（同时）妞子，可留点儿神哪！
妞子　是啦，爷爷！疯大爷，咱们俩儿抬它个满满儿的一桶！
赵老　别价，先抬半桶，多了抬不动，别看连俩人都掉到沟里去！
妞子　是喽，爷爷！（和疯子往外走）
疯子　（向小妞子嘻嘻笑笑地说）不要说，我无能，打水扫地我还行！
小妞　呱唧……（二人大笑着唱着走远）
　　　[打小鼓的走近——"有破铜烂铁的我买！"卜，卜，卜，卜。
大妈　大哥，您找个先生瞅瞅吧？
赵老　有钱我也不能白给先生啊，唉！这是年年照例，还老是在这个时候，越赶上下过雨，房倒屋塌，有活儿做的时候，他妈的越发疟子，几班儿这么一打不是，人就软得跟棉花似的啦！多要命！水开了吗？
大妈　开啦，二春，快着点儿，端过去！
赵老　好姑娘，劳驾啦！
二春　不劳驾！

四嫂　赵大爷，到药王庙去烧股香吧！省得叫疟子鬼儿老跟着！

二春　（端着一碗水送到赵老的面前）四嫂，蚊子叮了才发疟子呢。看咱们这儿，蚊子都打成团儿啦，小妞子那一脑袋还不是湿疮？得打针！

大妈　姑娘人家，少说话，四嫂不比你知道得多呀？别净出馊主意，药针儿可打不得！

二春　（看赵老在赶蚊子，蚊子在凳子底下打成了团儿）我给您找把扇子去（就近借了四嫂的破芭蕉扇过来，一边赶着蚊子）。（"有旧衣裳我买！"卜，卜，卜，卜）赵大爷，我这可真明白了，姐姐为什么一去不回头！

大妈　别提她，那个没良心的东西，把她养大成人，聘出去，得了意（读如以）啦，她会连娘家都不回来看一眼啦，二春，你可别再跟你姐姐学，扔下妈妈没人管！

二春　妈，您也难怪姐姐。这儿可够多脏啊！

大妈　这儿脏？可有活儿干呢！九城八条大街，可有哪儿挣钱能像这儿这么容易？就拿咱们左右的街坊说吧，这么多人家儿里，只有程疯子一个闲人，地方干净有什么用？没得吃也得饿死！

赵老　二春，还有水吗？再来点儿！

["有破铜烂铁我买！"]

二春　有，我给您倒去（一边走回去，一边向大妈说）这儿挣钱方便，扔钱可也方便。一下雨，摆摊子的摆不上，卖力气的出不去，就连二嘎子的煤核儿也捡不着啦，不是瞪着眼挨饿？臭水往屋子里灌，把什么东西都泡喽，哪样不是钱买的?

四嫂　哼,可别提啦,昨儿个晚上,我在炕上足足蹲了一宿(读如朽),打着把伞,把这些背心顶在脑袋上。自己个儿的东西弄湿了还好说,您说要是弄湿人家的活儿,赔得起吗?

二春　(已经把第二碗水送给赵老,这时正往回下走,顺便走到四嫂面前)这儿这么脏,怎么不得病?(又由四嫂跟前走回去坐下)病了耽误做活儿不算,还得花钱吃药!

大妈　别那么说,俗语说得好,不干不净,吃了没病,我在这儿住了几十年啦,还没敢抱怨一回呢!

[打小鼓的声音逐渐远去。

二春　赵大爷,您说。您年年发疟子,您知道……

大妈　你叫大爷歇歇吧,他病病歪歪的,我明白你的小心眼儿里憋着什么坏!

二春　我憋着什么坏?您说!

大妈　哼,没事儿就往你姐姐那儿跑,她还不唧唧咕咕,说什么龙须沟脏,龙须沟臭,可她也不想想,这是她的生身之地!刚离开这儿几个月,就不肯再回来了,说一到这儿就要吐,真造罪呀!……你甭小眼睛眨巴眨巴地看着我,我再也不上当,再也不把女儿嫁给沟外的人啦!

二春　那,……我一辈子就老在这儿?……连解手儿,都得上外边儿去?……我才不愿意闻这臭味儿呢!赶明儿我就上工厂!

大妈　上工厂,闺女小子的男男女女混杂,那还像话吗?!咱们龙须沟这儿,可不分男女老少,只要肯动手,就有饭吃,

　　　　这是真的！别的都是瞎扯！这儿是宝地，要不怎么就人越来越多呢！

二春　　没看见过这样的宝地！房子没有一间整的！一下大雨就砸死人！还宝地呢，还……

大妈　　（大怒）你这个小丫头片子，跟谁学的这是？越来越不饶人儿啦！

二春　　我说的不是实话吗？

四嫂　　二妹妹，你就少说两句吧！

赵老　　姑娘，听我告诉你几句好话。

二春　　您说吧！

赵老　　龙须沟啊！不是个坏地方！

大妈　　我说什么来着？赵大爷也这么说不是？

赵老　　地好，人也好。就有两个坏处……

二春　　哪两个？

四嫂　　（拿着活计，走过来）您说说！

赵老　　做官的坏，恶霸坏！……

[天气阴上来，行云把阳光完全遮住。

大妈　　大哥咱们说话，街上听得见，您小心点儿！

赵老　　我知道，（往大门口望望）可是我才不怕呢！六十多岁了，也该死了，我怕什么？……

[算命的打着竹板走过。

大妈　　别这么说呀。好死不如赖活着！

赵老　　做官的坏……（刘老总在外边搭讪着走过去）

大妈　　（打断赵的话）赵大爷,有人……（二春急跑到大门口去看）

二春，过来！

二春　（在门口）刘老总儿！

四嫂　（刘已经走过去，四嫂追到大门口）刘老总儿啊？进来坐坐吧！

巡警　四嫂子呀，我该上班儿了。

四嫂　进来坐一会儿怕什么的呀？我有句话跟您谈……

巡警　好吧，好在还早。（走进来，四嫂让开路，转身问）四嫂，您有什么话呀？

四嫂　您给二嘎子……

大妈　啊刘老总儿，今儿个您怎么这么闲在呀？

巡警　哪儿呀，昨儿个我是夜班，今儿个十点上班，这不是四嫂子一死儿叫我进来坐坐儿吗，好在还有会子呢，再说也总没来看赵大爷来啦，就顺便爷儿俩聊聊吧。

大妈　您又发上疟子啦！

巡警　哎哟，这是怎么话儿说的……赵大爷，您怎么又——啧啧，这是怎么说的，咳——好点儿了吗？

[算命的远去。

赵老　刚来劲儿，还得些日子呢！

巡警　吃药了吗？

赵老　我不吃药！

巡警　您可得抓付药吃呀，这么硬挺着可不是事儿呀！您看，您就是不生病，吃呀，喝呀，伍的，也还都是王大妈、丁四嫂她们照应呢，这一病，端茶送水儿的，大妈她们可就不大方便啦……

二春　不要紧，有我侍候您呢！
　　　[无线电报告广告：金刚牌D.D.T.

巡警　那也耽误做活儿呀！这院儿里谁也不是有三有两的。您就拿四嫂说吧，丁四成天这么游门神似的不照面儿，连自己个儿都顾不过来，哪儿还……

四嫂　可说的是呢，我请您进来就为的是问问您，您答应给二嘎子找学徒的事儿。可怎么样了？可别净耍嘴片子——……

巡警　您听我说……

四嫂　您要是早点儿给我说成了，可就省了我一大块累赘了。

巡警　您别性急呀，这年头儿找事儿可不容易，物价一天翻十八个筋斗，差不多规矩的买卖，都关啦！连老根儿老底儿的祥子号的买卖也都快完啦，（向赵）可倒好，净剩下五子登科的买卖啦。

大妈　要说刘老总儿的话也对，二嘎子不就是人家关了张才给裁下来的吗？

四嫂　可不是吗。要说我这孩子可有出息，不像他爸爸。肯下力，肯吃苦，是个正经干的坯子，就是走背字儿，父母运儿可太坏啦。您可得多费心。不拘什么行当，你快着给张罗着点儿吧！

巡警　不拘什么行当可不行！四嫂，您别看我谁来给谁干，我是没法子，谁叫一家大小五口儿，全得养活呢？

大妈　是呀！
　　　[无线电广播："月夜小唱"。

巡警　（走向大妈）咱们人穷可志不穷，缺德昧良心的事儿，咱可不干。比方说,您要是叫我介绍二嘎子给那些个人去当狗腿子呀,钱倒是不少挣,一提还准成,可就是我给您磕头啦!办不到!就拿前儿说,半夜里查户口,又给逮了一个去,一个不对劲儿,就硬说人家是……(警惕回头看,作"八路"的手势)别管多么好的人,就硬给嘎巴喽!我可不缺这份儿德,(走向赵)咱们都是中国人,您可别瞧我眼下给他们使唤着,这种事,我可得马虎就马虎。

赵老　对!

四嫂　听说那一家放跑了俩,敢情是您干的呀?

巡警　哎哟!我的祖奶奶,这种话您可别瞎聊呀,您是要我脑袋瓜儿搬家是怎么着?

四嫂　您放心,没人说出去——

二春　刘老总儿您是有个亲戚当工头儿吗?您不会把二嘎子荐到工厂去吗?我还想去呢!

四嫂　那敢情好!

大妈　(与四嫂同时,骂二春)你要疯啦!

巡警　正经工厂也都停了车了,您别忙,我一定给您想办法!

四嫂　那谢谢您啦,刘老总儿,坐这儿歇歇儿吧!别净站着呀。

巡警　不啦,我待不住。

四嫂　歇一会儿怕什么的?

[把疯子的小板凳送过来,刘只好坐下。

赵老　二春,我刚才说的对不对?做官的坏,老百姓可怎么活呀!大小的买卖,全都叫他们接收的给折腾完了,就他们几个人活啦!

二春　（站起来，怒冲冲地向赵老）本来吗，要不穷人怎么越来越多呢！

大妈　（忙去拉二春回来）二春你过来，少说话！

赵老　别的甭说，就拿咱们这儿这条沟来说吧，做官的坏，地方才稀臭，日本人在这儿的时候，咱们捐过钱，为挖沟，沟挖了没有？

四嫂　他妈的，那些钱又叫他们给吞了，丫头养的！

大妈　四嫂嘴里可干净点儿，这儿有大姑娘！

二春　他妈的！

大妈　二春！

赵老　程疯子不是常给小妞子编着唱吗，"沟不臭，水又清，国泰民安享太平。"他说得对，他不疯，有了清官才能有清水，我是泥瓦匠，这还瞒得过我吗——城里头，大官儿在哪儿住，哪儿就修柏油大马路，谁要是作了官，谁就住高楼大瓦房，咱们穷人哪？没人管！

四嫂　捐了钱还叫人白白儿的吃了去！

赵老　有那群做官的，咱们永远得住在臭沟旁边儿，你就说，全城到处都有自来水，就是咱们这儿没有！

大妈　就别抱怨啦，咱们有井水吃，还不念佛？

四嫂　苦水呀，王大妈！

大妈　也不怎么苦，二性子！

二春　妈，您怎么这么会对付呀？！

大妈　你不对付！你净想跟你姐姐一样！

巡警　大妈，大妈……

赵老　刘老总儿，上两次的钱，可都是您经的手，我问您，可这钱都上哪儿去了？

巡警　您问我？我还不知道问谁去呢？反正我没吞，（站起来走到赵面前）要是我从中赚过一个钱，这上边可有云彩，叫我五雷轰顶！人家搂钱我挨骂，您当我不冤哪！？

赵老　我不过是这么问您一句，街坊四邻，都知道您的为人，谁都说您不易，谁家为难您都肯帮把手儿，难得的是连您自己个儿窝头也还混不周全呢，——好人嘛！

巡警　（感慨地）大爷，您别说了，说了又勾起我的牢骚来了，我他妈的要不是叫家给赘着，我也早就撒了鸭子啦……

赵老　这我倒明白，可话又说回来啦，咱们这溜儿除了官儿还有恶霸呢，流氓地痞，大把儿抓，他们偷，他们抢，他们讹诈，谁也不敢惹他们，这您总可以管管了吧！

巡警　哎哟！您是烧糊涂啦是怎么着？那不是一码子事吗？他们背后有撑腰的呀！咱敢管？前些日子张巡官一管肚子上挨了三刀，您是知道的呀！甭说别的，大街上叮叮当当卖大头的，敞开儿地这么买两卖两的一喊，上边叫逮，可您敢逮吗？逮了就是麻烦。

[远处买猪血的声音——"大块儿猪血！"]

赵老　别遇到我手里，遇见我，我就跟他们拼！

巡警　大爷，您别这么犯肝气，没这么简单！

大妈　别说了，赵大爷，说的我直打冷战，新鞋可不踩臭狗屎呀！有过路儿的，您说话留点儿神！

赵老　他们敢！要是欺负到我的头上来，我叫他们吃不了兜着走。

[一块阴云飘开,又露出太阳来。
[叫卖声较近——"大块儿猪血!"

巡警　哟,天可不早啦,我得上班去啦,今儿个还不一定有什么蜡坐呢。大爷,您好好的养病要紧,少生闲气。(走到大门口)

四嫂　(追过去)刘老总儿,二嘎子的事儿,您可给放在心上点儿!

巡警　您放心,这么大的孩子,咱们不能叫他小时候捡煤核儿,大了蹬三轮儿,就这么一辈子挺不起腰板儿来。

[下。
[叫卖声很近——"大块儿猪血!"

四嫂　道谢啦,您走啦,慢点儿走,回头见!

大妈　要说刘老总儿为人可真不错呀!

赵老　不错是不错,在这个世道上就算难得,就是办不出什么事来呀。

四嫂　他想办出点事来也可得成呀!

[买猪血的声音渐远。
[丁四极端疲乏而又困盹地上。

四嫂　嗨!我说敢情你还回来呀!

丁四　你当我爱回来呢!

四嫂　不爱回来就别回来,这儿不短你这块料。

丁四　(不语,打着呵欠直向屋子走去。)

四嫂　(把他拦住)拿钱来吧。

丁四　一回来就要钱哪?

四嫂　那怎么着?!你一天一宿不照面儿,家里揭不开锅,你管不管?

丁四　家里揭不开锅？我在外边儿死活你管吗？

四嫂　少废话，拿钱来。

丁四　没钱！

四嫂　钱哪儿去啦？

丁四　交车份儿了。

四嫂　交个六！甭来这一套，你当我不知道呢，不又跑到哪儿喝酒去了。

丁四　那你管不着。太爷我自个儿挣的自个儿花，你打算怎么着吧！你说！

四嫂　我打算怎么着？这破家又不是我一个人的！净让我一个人挣歪？你不管？咱谁也甭管！（说着把活计抛下）

丁四　你死不死？你他妈的不管？活该！

四嫂　怎么着？你一出去一天，磅子儿没有。临完了儿，把钱都喝了猫尿！

丁四　我告诉你，少管我的闲事，你个臭屄娘们儿！

四嫂　什么？不管？家里揭不开锅，小妞子病了没钱治，你可倒好……

丁四　我不对，我不该回来，太爷我走，我滚蛋！（说着转身就走）

[四嫂扯住丁四，丁四抄起门闩来，要打四嫂，二春跑去把栓抢过来。

赵老　丁四！（丁四被赵老的严厉声震住，低头不语地往屋门口走。四嫂坐下哭，二春蹲下去劝四嫂）

赵老　这是你们丁家的事，按道理我可不该插嘴，不过咱们爷儿们住街坊，也不是一年半年啦，总算是我从小儿把你看大了的，我今儿个可得说几句怎么的话……

丁四　（颓唐地坐下）赵大爷，您说吧……

赵老　四嫂，你先别这么哭，听我说。（四嫂止住哭声）你昨儿晚上干什么去啦？你不知道家里还有三口子张着嘴了吗？小妞子病了也不是一天啦，这是你身上的肉哇！你就不心疼吗？

丁四　（眼泪汪汪地）不是，赵大爷！我不是不惦记孩子，是这么档子事——昨儿个成天的小雨点儿，没什么座儿，挣歪了一天，等到晚上，往小摊儿一坐，您猜怎么着，晌午六万一斤的大饼，晚上就十二万啦！好家伙，交完车份儿，就没了钱了，东西一天翻十八个筋斗，您不是不知道——

四嫂　要不是赚这点儿钱买不上东西，还求您大爷吗？

赵老　唉！这个物价呀，就要了咱们穷人的命！可是你有钱没钱也应该回家呀，总不照面儿不是一句话啊。就说为你自个儿想，半夜三更住在外头，够多悬哪。如今晚儿天天半夜查户口，一个说不对劲儿，轻则把你拉去当壮丁，当炮灰，重了拿你当八路，弄去灌凉水压杠子，磨成灰还都不知道是怎样死的呢。

丁四　这我都知道，他妈的我们蹬三轮儿的受的这份气，就甭提了，就拿昨儿个说吧，好容易遇上个座儿，一看，可倒好，是个当兵的，没法子，拉吧，打永定门一直转悠到德胜门，脸儿上边淋着，底下踩（读如义的上音）着，汗珠子从脑瓜儿顶儿直流到脚底下，临完下车一个子儿没给不算，还差点儿没挨俩大脖儿拐，他妈的抗战八年，坐完车不给钱，可我们蹬三轮儿的不是吃饱了撑的去蹬车解闷儿的！完事，我刚交了车，一看掉点儿了，我就往家里跑，好家伙，没几步，就滑了我俩大筋斗，您不信瞅瞅这儿，还有伤呢！我一想，这溜儿更过不来了，别回头我再掉到沟里去，就在刘家小茶馆蹲了半宿，我也没睡好，提心吊胆的，也怕把我拉了当壮丁去！跟您说吧！有这条臭沟哇，谁也甭打算好好儿地活着！

[四邻的工作声——打铁、风箱、打铁皮的声音，更大了一点儿。

四嫂　甭拉不出屎来怨茅房，东交民巷，紫禁城倒不臭不脏，也得有尊家的份儿呀，你听听，街坊四邻全干活儿，就是你没有个正经的事由儿。

丁四　我没出去拉车？我天天光闲着来着？

四嫂　五行八作，就没您这一行儿。龙须沟这儿的人，都讲究有个正经行当，打铁、硝皮子、织布，都成一行，你算哪一行？

丁四　哼！有这一行，没这一行，蹬上车我可以躲躲这条沟，我是属牛的，不属臭虫，专爱这块臭地？！

四嫂　不爱这块臭地，你就……

赵老　四嫂，丁四，都少说几句儿吧……，（刘老总儿上）怎么，刘老总儿？……

巡警　我说我今儿个又得坐蜡不是！？

四嫂　什么事呀？

巡警　唉！没法子，又叫我来收捐，您瞅瞅！

全体　什么，又收捐？！（心都沉重下去，静默）

巡警　是呀。您说这叫我可多为难?

丁四　家家连窝头都混不上呢,还交得起他妈的捐!

巡警　说得是啊!这还有我清楚吗,可是上边交下来的,您说叫我怎么办?

赵老　我问你,你今儿个又要收什么捐?

巡警　反正有个"捐"字,您还是养病要紧,甭细问了。捐就是捐,您拿钱,我收了交上去,以后咱们都算心里踏实啦。

赵老　你说说,告诉我!

巡警　您老人家一定要知道呀,跟您说吧!这一回是催卫生捐。

赵老　什么捐?

巡警　卫生捐!

赵老　(狂笑)卫生捐?卫生——捐。(再狂笑,看看大家,看看周围,再看看丁四)丁四!(丁四冷笑)哪儿是咱们的卫生呀!刘老总儿,谁出这份儿主意?我肏他的八辈祖宗!

《龙须沟》首次演出剧照:巡警催卫生捐

巡警
丁四　（同时）赵大爷，别犯肝气呀，快进去歇歇吧！

　　　　[丁搀赵入室。

巡警　唉，我有什么办法呢！

大妈　刘老总儿，您可别怪罪您老人家呀！您要不是发烧，也不会骂人。

二春　妈，您怎么这么怕事！看看咱们这个地方，是有个干净的茅房，还是有条干净的道儿？谁都不管咱们，咱们凭什么交卫生捐呢？

大妈　我的小姑奶奶，你就少说话吧。老总儿您多担待，她小孩子不懂事！

巡警　大家伙儿这份意思我全明白。可是这众当官的只知道搂钱，不办正事儿。您瞧，街边儿是照样的脏，沟还是照样的臭，到时候硬派捐，您让我怎么办？！"即在矮檐下"这一句话，就全有啦，我今儿提前给大家送个信儿，大家呢，也多避点儿委屈，只算是成全我啦，都预备预备吧！再过两天我再来……

四嫂　大估摸儿（读如大估母儿）一家得出多少钱呢？

丁四　（由赵屋中出来）你必得问清楚？你有上捐的瘾！

四嫂　你没有那个瘾，交不上捐把你关起来，德行！

丁四　刘老总儿，您跟上头说去吧，给我们修好了路，修好了沟，我上捐，不给我修啊，哼，我没法儿出车，也没钱上捐，要命有命，就是没钱。

巡警　四爷，您是谁？我是谁？能跟上头说话？

丁四　那怎么着……

大妈　丁四，你就别难为老总儿了吧，他当这份儿差事不容易。

巡警　大妈，还是您圣明。

[程疯子与小妞抬着水桶进来。

疯子　借光借光，水来了！我今儿个做官了，什么官？见缸倒。

妞子　呱唧呱唧呱唧呱。

疯子　刘老总儿，您好哇，怎么老没来啦？

巡警　今儿个不是来了吗？

[大妈把缸盖连同上边放着刚刚做饭用的菜刀，搬到自己坐的小板凳上，二春接过桶去，和大妈两人抬着往缸里倒。疯子也想过去帮忙。

丁四　（拉过小妞子来，抚慰着开玩笑）嚇，两个人才弄半桶水来？（向程）看你的大褂儿，下边儿都成了泥饼子啦。

疯子　（才发现）哎呀！（赶快走到赵门前的长凳上，坐下去抠大褂儿上的泥。小妞子跟过去帮着他弄）

丁四　就凭这个咱们也得上卫生捐。

四嫂　上捐不上捐吧，你该出去奔奔，晌午饭还没辙哪。

丁四　小茶馆房檐底下我蹲了半宿，难道就不得睡会儿觉吗？

四嫂　你那我问你今儿吃什么呀？

丁四　你问我，我问谁去？

大妈　别着急，老天爷饿不死瞎家雀儿，要不价，这么着吧，先打我这儿拿点杂合面儿去，对付过今儿个，叫丁四歇歇，明儿蹬进钱来再还我。

丁四　王大妈，这合适吗？

大妈　还叫你还啦！有什么不合适的？快睡觉去吧！（推丁四下）
　　　［丁四低头入室。二春早已跳进屋子去，端出一小盆杂合面儿来，往丁四屋里送，四嫂跟进去。

二春　四嫂，搁哪儿呀？（下）
四嫂　（感激地）哎哟，二妹妹，交给我吧！（下）
　　　［二嘎子跑进来，双手捧着个小瓦罐。

二嘎　妞子，小妞儿，快来，看。
小妞　（跑过来）哟，两条小金鱼儿，给我，给我。
二嘎　是给你的，你不是打过年的时候，就嚷嚷着要小金鱼儿吗？
小妞　（捧起罐儿来）真好，哥哥你真好。疯大爷来看哪，两条，两条。
疯子　（像小孩似的蹲下去看鱼，学北京卖金鱼的吆喝）卖大小——喂小金鱼儿咧。（三人均大笑，二春拿空盆出来回自己的屋里）
四嫂　（闻声上）二嘎子，你一清早儿就跑出去，到现在连一点煤核儿也没捡回来，是怎么回事？金鱼儿是哪儿来的？
二嘎　卖鱼的徐六给我的……
四嫂　他为什么那么爱你呢？不单给鱼，还给小玻璃缸儿，瞧你多有人缘呀！你给我说实话，我们穷，我们脏，我们可不偷，说实话，要不价我揍死你！
丁四　（在屋内）二嘎子偷东西啦？我来揍他！
四嫂　你甭管，我会揍他，二嘎子，把鱼给人家送回去，你要是不去，等你爸爸揍上你，可够你受的，去！
小妞　（紧紧把住疯子的手，要哭）妈，我好容易有了这么两条小鱼儿!

二春　四嫂,咱们这儿除了苍蝇,就是蚊子,小妞子好容易有了两条小鱼儿,让她养着吧!

四嫂　我可也不能惯着孩子做贼呀!

疯子　二嘎子,说实话,全有我哪!

二嘎　徐六叫我给看着鱼挑子,我就拿了这个小缸儿,给妹妹拿的,她没有玩艺儿嘛!

疯子　拿我的大褂儿还徐六去。(急走到自己门口,背过身去解大褂儿)

四嫂　那怎么成呢?再说我两条小鱼儿也没有那么贵呀!

疯子　(走向小妞子,诚恳地想哄她一笑)只要小妞子不流泪,管它什么金鱼儿贵不贵!

二春　(急忙跑过来)疯哥,穿上大褂儿,(掏出两张票子,交给二嘎子)二嘎子,快跑去给徐六送去。

二嘎　把鱼缸交给二春。(接钱飞跑而去。)

四嫂　你快着点回来!

[天渐阴。

四嫂　二妹妹,哪有这么办的呢!小妞子,还不谢谢王奶奶跟二姑姑哪!

小妞　(捧着鱼缸过去)奶奶,二姑姑,道谢啦!

二春　不谢!

大妈　好好养着哟,别叫野猫叼了去。

小妞　(把鱼缸交给疯子)疯大爷,您给我看着,我到金鱼池弄点闸草来。红鱼绿闸草,多么好看。

疯子　（接缸）要那灯笼儿的啊。

小妞　妈，我出去一会就回来。（急跑下）

四嫂　一个人不准去，看掉到沟里去。

　　　[四嫂刚刚追到大门口，妞子已跑远。可是狗子由另一个地痞领着走来，那个地痞指指大门口，狗子大模大样走进。

　　　[所有工作声音，都逐渐静下去。

四嫂　嘿，你找谁？

狗子　你姓什么？

四嫂　我姓丁。怎么？（狗子往里走；疯子一看情形不对，赶紧往屋子里躲，站在门口）找谁说话呀，别满世界胡溜达。

狗子　姓程的爷儿们住哪屋？

二春　你找姓程的有什么事？

大妈　你少多嘴。（说着想往屋里推二春）

狗子　小丫头片子，你少问！

二春　问问怎么啦？

大妈　我的小姑奶奶，给我进去吧！

二春　我凭什么进去呀，看他把我怎么样！（大妈已经把二春推进屋中，关上门，两手紧把着门扇）

狗子　（一转身看见疯子）那是姓程的爷儿们不是？

四嫂　他是个疯子，你找他干什么？

大妈　是啊，他是个疯子。

狗子　（与大妈同时）他妈的你娘们儿少管闲事！

狗子　（向疯子）你小子过来！

二春　（在屋里）你别欺负人！

大妈　（向屋内的二春）我的祖奶奶，别给我惹事啦！

四嫂　他疯疯癫癫的，你有话跟我们说好啦。

狗子　（向四嫂）你这娘儿们再多嘴，我可揍扁了你。

四嫂　（四嫂嘴强身子软地往后躲避）看还怪不错儿的呢！

疯子　（为了给四嫂解除威胁，自动地走过来）我姓程，您哪，有什么话您朝着我说吧！

狗子　小子你听着，我现在要替黑旋风大太爷管教管教你，不管他妈的你，还是你的女人，还是你的街坊四邻，都得给我记住，你们上晓市做买卖，要有黑旋风大太爷的人，拿你们的东西，那就是赏给你们脸。怎么着！？今儿个我姓冯的，冯狗子，招待朋友拿了你女人两包烟卷儿，他妈啦的就喊巡警？喊巡警又怎么样？连侦缉队都跟咱们爷儿们平起平坐。我犯不上跟她老娘们儿打交代，她不经揍，我来管教管教你。

娘子　（挎着被狗子踢翻打碎的烟摊子，气愤而又忍泪地，低着头回来。一走到门口，就看见冯狗子正向疯子在耀武扬威，再也压不住反抗了）嘿，冯狗子，你可别赶尽杀绝呀。你硬抢硬夺，踢了我的摊子不算，还要赶上门来欺负人哪——

[四嫂接过娘子的破摊子，娘子向狗子奔去。

狗子　（放开疯子，慢腾腾地一步一步紧逼娘子）踢了你的摊子是好的，惹急了咱爷儿们，叫你出不去大门。

娘子　（虽然理直气壮，但是因为长期受压迫，畏缩成了习惯，自然地一步步往后退）你讲理不讲理？你凭什么这么霸道？走，咱们还是找巡警去。

《龙须沟》首次演出剧照：冯狗子欺负程疯子

狗子　（不慌不忙，示威一般地）好男不跟女斗。（转身走向疯子）小子，我管教管教你！（突然恶狠狠地打疯子几个耳光，打得顺口流血）

[疯子被打得待在那里流泪。娘子怒火冲天，不顾一切，冲到狗子身上去拼命，却被狗子一把抓住。二春从屋里冲出来，要动手打狗子，大妈惊恐万状地追过来死命拉住二春。四嫂想救娘子，又不敢上前。正在这个时候，赵老头可由房内气得打着哆嗦冲出来，坚定地站在那里。

赵老　放开手，我来斗斗他！（大家的嘈杂声突然停止）你们欺负人总算欺负够了吧？怎么？打人还打个连蚂蚁都不肯踩的人，要造反啦？

[大家都怔住。

狗子　（放开娘子，向赵老）有你什么事？（向赵一步步慢腾腾走来）老梆子，你身上也痒痒吗？

赵老　（气得浑身发抖，向四周找动手的家伙，忽然看见大妈刚才因为往水缸里倒水而移过来的缸盖上，有一把菜刀，便奔过去抄起来要砍狗子）我宰了这个王八蛋！

[狗子这才惊慌，急往外跑，娘子抢到大门口拦住。赵老要追，被四嫂拦住。二春和大妈挣扎着。大家都喊成一片。

娘子　宰他！宰他！

二春　（同时）宰他！宰他！

四嫂　（截住赵，同时）丁四，丁四，快出来，动刀啦！

大妈　（同时）快拦住点儿赵大爷，动刀呢！

[丁四由屋内跑出来，努力夺赵手中的刀。

狗子　（见势不佳）搁着你的，放着我的。咱们走对了劲儿再瞧！（撞到了娘子下）

[娘子要追狗子去，被四嫂拉回来。二春从大妈手里挣脱，跑到大门口，大妈追过去拉住。丁四夺过刀来扔到缸旁。娘子经四嫂劝说，走过去把疯子连推带拉地领到屋子里去。

二春　呸！呸！我看你他妈的敢再来！

大妈　（急切地向气得发抖的赵老）赵大爷，赵大爷。您这是怎么啦？怎么得罪黑旋风的人呢？巡官、巡长，还让他们给扎死呢！咱们就惹得起他们啦！这可怎么好呕！

赵老　欺负人都欺负到程疯子头上来啦！我早就想斗斗他们！

大妈　回头狗子调人来还了得？他们人多，不好惹，赵大爷你得躲！

赵老　我不走，他们不会来，我走，他们准来，咱们老实，才有恶霸，咱们敢动刀,恶霸就夹着尾巴跑!

丁四　您的话对。赵大爷,你还病着呢,进去躺躺去。我搀着您。（丁扶赵下）

大妈　这场祸可惹大发啦,打起架来准是个你死我活。（丁四由屋内走出）丁四,你也得躲躲!

丁四　躲躲？（冷笑）我呀,我还是睡他妈我的觉去。（走进自己的屋子）

大妈　四嫂啊,你得劝劝丁四叫他躲躲……

丁四　（在屋门口）二嘎子他妈,你进来!（四嫂进去）

大妈　这可怎么好啊,这可怎么好啊……

二春　妈,您怎么这么胆儿小怕事呢？!

大妈　你胆儿大,你不知道他们够多么厉害!少给我在这儿多嘴多舌的,再招是非啦,还不快快送活去,我的小姑奶奶!（二春提着一包已经焊好的镜框走出去,大妈向二春的后影喊）绕着点道儿走!……快着点回来!……（二春下）咳,劝谁躲躲都劝不动,这闹出事儿来可叫人怎么受得了喔!

[剃头的"唤头"声,悠长地,凄凉地,从远处传来。

[大妈正收拾焊活的工具。疯子突然由屋里跑出来。他的疯病开始又要犯了,他浑身上下发颤,脸上的肌肉抽搐。娘子连忙追出来。

[天色更加阴沉。

疯子　（往屋外跑着）我走!我走!咱们惹不起躲得起!……我走,我走还不行吗？（大妈飞跑躲到屋里去,紧紧关上门）

娘子　（焦急地追出来）你看你,又说疯话了不是!你静一静!（拼

命拦阻往四下里乱转的疯子）

[赵老头子和四嫂慌张地从屋子里出来。

["唤头"声。

疯子　（向赵老）赵大爷！……（凄凉悲怨的声音，把刚强的赵老头儿打动得也要流泪）

[四嫂探出头来。

["唤头"的声音。

疯子　四嫂子……

四嫂　咳，疯哥，你可别再闹哄啦……

娘子　四嫂，您别理他，他过了这阵儿就好啦……

疯子　（向娘子）诸位邻居们！（娘子忍住了泪）叫你们多受惊啦（"唤头"声）！是我连累了你们啦！谁叫我是个窝囊废呢？（"唤头"声较近了）我没脸儿再呆啦！（痛哭）

赵老　可谁又说叫你给连累啦！

娘子　大爷，这是他的老毛病又犯啦，别理他。

四嫂　疯哥，也没人说你窝囊呀？

娘子　四嫂，您先进去，叫他闹哄一阵子，过去这股子劲儿就好啦……

赵老　倒也对，四嫂子，咱们都躲开会儿，让娘子一个人将就将就他，人越多怕倒越勾上他的病儿来！（自己先进去，到了门口，看看四嫂还不肯进去，示意她进去。下。四嫂也下）

["唤头"声。

娘子　疯子，你静静儿，可别再勾起老毛病儿来，不光是我，就连院儿里的街坊也受不住啊。

疯子　我不连累人,我不闹哄,我走("唤头"声)我走,我走还不行吗?

娘子　(拦他)你说你上哪儿去?

疯子　我找咱四把弟去("唤头"——最大的声音)叫四弟看看他程二哥受的这份儿罪,叫他替咱出气!

["唤头"声。

娘子　你又说傻话了不是?四把弟会给咱出气?咱们落到这个份儿上,谁会给咱出气呀?再说——四把弟在哪儿啦?人呢?("唤头"声)是多年都没了音信了吗?

疯子　也对,也对,四把弟要是替咱出气,也早就不会跟咱断了来往啦……

["唤头"声——渐远。

娘子　还是的呀!求人不如求自己,咱们自己个儿能挣歪就挣歪,得懂打了牙往肚子里咽,光这么疯疯癫癫的没有用……

疯子　对!咱们谁也不找,可是咱们哪,给他个海角天涯,也总比这儿强("唤头"声)——走!(往大门口冲去)

[天色更加阴沉。

娘子　(拼命跑到疯子前头,把大门关上,闩好)我不能让你走,疯子,你到哪儿也是一样,没有咱穷人的路!

疯子　(更起急了)你让我走,你让我走!

娘子　我死也不能让你走……

疯子　(和娘子挣扎着)什么连你也……?……(爆发,扯起喉咙来变了音调地喊)你——让——我——走!

娘子　(绝望地一叫,嘶哑的哭声也迸出来)疯子!……("唤头"

声远去）（哭不成声）

[一大阵凄凉悲惨的寂静。赵老和四嫂都惊慌地探出头来。疯子被这一声哭号打动了心弦，疯狂的心情虽然突被镇压住，但是他的肢体与脸上的肌肉，仍在抽搐着。

娘子　（在长久的寂静中突然感到惊慌，生怕疯子出了别的毛病，赶紧强抑住哭泣，抬起头来）疯子，你……怎么啦？

[远处微微的闪光。

疯子　（突然清醒）嗯？没怎么，没怎么。娘子，你，你可别难受，可别哭啦，看再犯了老病儿，那可就了不得啦！（找毛巾，递给娘子，叫她擦眼泪。）来，坐这儿歇一歇儿吧。

[赵老和四嫂先后缩回去。

娘子　（接过疯子递过来的小板凳来，放在一旁）只要你别再难受，我也就没什么啦，来，你先坐在这儿，我给你擦擦。瞧你这一脑袋冷汗。（疯子坐下）我成天将就将就，就怕的是你这一手儿。往后凡事你可别再憋在心里头啦，放敞亮着点儿，这些年不就是你什么都憋在心里，才把你憋得人都变了样儿的吗？心里放宽敞点儿，好养好养精神儿，也出去跟人来往来往，托人找个事儿，也免得受人这份儿气。你看，咱们家里不就是没有男人出去做事，才受人这样的欺负吗？吃得饱吃不饱还是小事儿……

疯子　（又激动起来）我不是不想出去做事啊，可谁瞧得起咱哪。想当初，咱不就是凭本事挣钱吃饭吗？可是光有本事不行啊，得会拍，得会溜啊，咱不就是因为不肯其低三下四的巴结那些有势力的人，才栽了那么大的跟头吗？——（起急）这你不是不知道啊！（转为沉痛，几乎要哭出来）哎，万般无奈，上道南边撂地儿去吧，咱还是凭本事挣钱吃饭，有钱大爷们干脆给他个不伺候，（突然感到"无路可走"的心事，沉痛地高呼）可谁知道啊，天桥这边溜儿的恶霸，他们也照样儿啊！（又转为忧怨）那不是吗，一个没伺候到，就给打了个半死啊，撂倒这天坛根儿上，我这是一气啊，压根儿才不出去了。……（苦笑）你瞧我这份儿跟头栽的！……我真恨不能哪儿有个墙缝儿都眯进去就怕见我们这脉子人，这才把串换都断了，事由儿也就没有了，（赵大爷听着外面静下来了，就开了门出来。娘子急忙示意请他进去）可你说我是真没本事吗？谁知道，谁懂得，谁认识这匹好黄骠马呀！！

娘子 （把赵老让了进去，挣扎着努力维持镇静）别说啦，疯子！
[远处闷雷开始隐隐作声。
[四嫂也探身出来，娘子一眼看见，连忙做手势，请她回去，四嫂慢慢地回屋。

疯子 （又激动起来）啊，都说我疯，我不疯啊，世道啊……（急躁地拍胸口）起急啊，郁闷呐！都说我懒得干活儿，那我就不懒得干活儿，他那活儿可得轮得上我干呐？你瞧，就连眯到角落（读如"嘎啦儿"）里，那还欺负到你头上来，打到你脸上啊！……咱们惹不起还躲不起吗？
[天色更阴沉。远处闷雷隐约。

娘子 得啦，别再闹啦，你看我这些年风风雨雨的，饥一顿饱一顿的，成天往外头去奔，还不就是知道你有本事，没走对字儿吗？我只希望顶过这一阵子背字儿去，求老佛爷叫你时来运转，找着个事儿，给他们看看，躲开这条臭沟，出出这口闷气！（闷雷）可这也得自个儿咬牙呀，你看，我不是常劝你吗，别这么疯疯癫癫的成天编数来宝，叫人家当话把儿，笑话……

疯子　娘子，我对不起你，这些年叫你一个妇道人家在外头混，你当我这当男子汉的，心里不难受哇？（闷雷）可是，我能做什么呀？谁要咱哪？……我呀，咳，我这一辈子就算完啦（闷雷），你说，像我这么一个人，就这么着啦，人生一世，够多冤，够多屈，可够多窝囊啊！……（又痛哭）

[天色已阴沉得像黑夜了。闪光渐亮。闷雷声近。暴雨立刻就到。

娘子　（不耐烦）咳，疯子，你怎么这么黏糊，絮絮叨叨地，简直还不如我们老娘儿们啦！……

赵老　疯子，你这是怎么啦？

娘子　赵大爷，您先进去吧……

[闪光频数，雷声近了，大雨前的疾风吹来。

嘎子　（在打大门）妈，开门，开门！（娘子一面看天色一面跑去开门）妈，又打闪啦。又要下雨啦！（跑进屋子去）

娘子　疯子，别再闹哄啦，快帮着我把东西往屋里搬搬。

[说着先把烟摊子抢进去。

二春　（从外边匆匆跑上）妈呦，可了不得啦，又要下雨啦，快收拾东西！

[街坊四邻的嗡嗡声起。全院子的人，都在咒骂中抢东西，

二春和二嘎子还帮着给赵老头子抢。
[强烈的闪电。很大的雷声。

娘子　（又跑出来抢东西）老天爷可不能再下啦，再下准是个房倒屋塌，叫我再挣歪也挣歪不下去啦！

大妈　（抢东西）哎呀，老天爷可怜可怜穷人吧，别再下啦，院子里屋子里全是湿的，全是脏水，叫我们往哪儿藏哪儿躲呀！

四嫂　（抢着东西）他妈啦个屄的，老天爷你有雷怎么不去劈那些当官儿的跟恶霸去，跟我们作的哪门子对头！

[雷闪交作。街坊四邻在咒骂与惊慌中抢东西的声音更大了。风忽然停住，雷闪也停了一刹那，暴雨声骤起，雷闪又跟着来了。

四嫂　哎呀，下起来啦，丁四，快出来帮帮忙吧——雨下大啦……（街坊四邻的声音更大，仿佛整个龙须沟都惊慌愤怒成了一片。睡着觉的丁四，连生病的赵老头子，也都出来抢东西。每个人都边抢边吵，有的是臭骂，有的是哀鸣，有的是咕噜，有的是急躁。大家正惊慌忙乱，刘老总跑上）

巡警　（喘不过气来，从老远的地方就喊）四嫂子，丁四嫂！（一踹进大门）可了不得啦，丁四嫂，小妞子掉到沟里去啦！（全场突然寂静，每个人都吓得呆住了）我们把她捞上来，已经不行啦！

四嫂　（已经失了知觉，发出一声似嚎似叫的哭声）啊？！……
[雷声。

全体　（与四嫂同时，仿佛是她的哭叫声的伴奏）啊？！

巡警　别怔着啦,快去看看吧!
四嫂　(突然哭出来,飞奔而下)妞子?……小妞子!……妞子……
　　　[震人骨慄的一声霹雳。
丁四　(急随着跑下)妞子他妈,妞子他妈……
　　　[霹雳。
　　　[二春,刘老总也喊叫着跑下。
　　　[大妈倚在屋门口低声哭,赵老头子把着门框老泪纵横的叹气。疯子呆立在花架子前边,满脸抽搐,仿佛又要犯疯病,娘子心里惦着小妞子,虽然也想跟大家一齐跑出去,可是又怕疯子这里再出事,所以唯有紧紧把住疯子的胳膊,话也说不出,脸上交织着恐惧、担忧,和抚慰的神色,在看着疯子。这时,四嫂被雨水浇得披头散发地,两只胳膊托着已死的小妞子上。她像个木人一样,一步一步走进院子来。待在那里,也不哭,也不动。
疯子　(突然像哀号一般地叫)妞子!……(痛哭)
　　　(又一声霹雳的巨声,幕在狂风大雨、雷闪交作中急闭。)

焦菊隐与《龙须沟》

第二幕

《龙须沟》首次演出第二幕装置

第一场

时：解放后的半年，春末夏初，小妞子死后一周年，开始测量龙须沟的时候。

地：同第一幕。

人：同第一幕。刘老总已作了人民警察。

景：黎明之前，满院子还是昏黑的，只隐约的看得见各家门窗的影子。疯子的窗内，透出油灯的淡黄光亮。大门外，那座大房子——解放前的那座当铺，已经变成了"工人合作社"，胡同口的街灯，恰好把合作社的牌匾照得很亮。天色逐渐发白以后，露出那个小杂院，比第一幕略觉干净整齐，部分的破窗子修理过了，院里的垃圾也减少了，丁四屋顶上的破席也不见了，台中上，靠枣树的地方，放着一张半方桌，和四嫂做活用的凳子。

开幕时：

  全院各家都还在熟睡中。远处一声鸡叫。只有程疯子似乎一夜都没有睡着的样子，一手端着一盏小洋油灯，一手抱着第一幕那个养金鱼的空空的小玻璃缸，徐徐从屋里溜出来，轻轻关好了房门，仔细听听各家的酣睡声，仰头看看天色，凝视了一下那块被街灯照得特别显目的"工人合作社"牌匾，然后微微举起小玻璃缸来，仿佛心里又看见小妞子的脸似的，脸上一阵露出微笑，一阵又是心酸，眼泪几乎要掉下来（远处鸡叫声）。

1951年《龙须沟》首次演出本

疯子　（呆视了一阵"工人合作社"）咳，一眨眯眼儿的工夫，咱们北京解放已经快半年啦，好人、老实人、受委屈的人，都抬了头。打人的、欺负人的、坑人狠人剥削人的，可都头儿朝下啦，好哇，真叫痛快，真叫人心里解开了一个大疙瘩呀！（举手之间，突然呆望着小玻璃缸）小妞子，你可是太以的没福分啦，要是咱们北京早解放一年，你也死不了啦，这些痛快事儿你也就全看见了啦。——你还不得乐得成天跟我扭秧歌，成天地唱解放歌儿，成天磨烦着你疯大爷领着你去看游行的？（远处军队的起床号声，更增加了疯子的伤感）咱们还不成天跑到天坛去跟解放军聊天儿？可是，小妞子，我的乖孩子，你的小命儿，就那么委委屈屈地完啦，……（抽泣。顺手坐下）你疯大爷每逢一闭上眼，你就来啦，你怎么不笑哇，你怎么总是到我梦里来哭哇？……我知道你死得冤啊……（哭出声来，但又怕惊醒了邻居，趴在桌上啜泣）

娘子　（一边扣着上衣，一边睡眼蒙眬地走出来。轻轻关房门，跷着脚步走到半方桌前，站在疯子的对面，凄然而同情地摇摇头，叹了一口气。轻声）疯子，你这是怎么啦，打从一解放，都说你也改了样儿啦，大家伙儿刚夸你两句，你怎么又犯了疯病啦呢？天还没亮呢，都还睡着哪。（忽然看见那个小玻璃缸，急忙拿到手中）你这么一闹哄，回头

焦菊隐与《龙须沟》

《龙须沟》首次演出剧照：娘子安慰手托小玻璃缸想念妞子的疯子

把四嫂子给闹哄醒了，又得招她伤心！

疯子　（突然抬起头来，慌忙地抹去了眼泪，把娘子手里的玻璃缸抢回）你甭管，你甭管，我就一个人儿在这儿叨念叨念，我不闹哄，我不招她们伤心，要不我怎么连你都不敢惊动，偷偷一个人儿出屋儿来叨念呢？小妞子啊，……她是去年今儿个死的！这一解放，大家伙儿直顾得乐啦，可就把这孩子给忘啦……

娘子　咳，别净说糊涂话，多么招人喜欢的一个孩子，谁能忘得下呀？你当我就不想她啦？我走到哪儿，都仿佛妞子跟着我前影儿后影儿地转，也总听见远处有妞子喊我"娘子大妈"。你当是我不心酸吗？可净难受掉泪，又有什么用呢？得啦，念道一阵子，心里痛快痛快也就算啦，进去睡吧，快进去！

[走过去拉疯子。

疯子　（不肯起来）好娘子，你再去睡会儿去，叫我一个人在这儿多念叨念叨，要不价心里堵得慌！

娘子　（有些着急）看！天才蒙蒙亮儿，快进去，看再着了凉，不又是我的罪儿吗？

疯子　娘子，你这是（——抵抗）

[娘子正因为劝不动疯子而着急，赵大爷显然是被吵醒的，扣着衣裳，散着裤脚，手里拿着腰带子，从屋内探出头来，看见是疯子和娘子在轻声地吵，就走出来。

赵老　（轻声地）怎么啦，疯子？

[鸡鸣声。

娘子　你看,把赵大爷都给吵醒了不是?(急忙走过赵大爷这边来)赵大爷您看,这么大的人啦,整个儿跟个小孩子一样,天还没亮,就怎么着也不睡啦。——(鸡鸣声)您给说说他吧。

赵老　好,我来劝劝他。娘子,你睡你的去吧。

[远近的鸡都啼起来。

娘子　鸡都打鸣儿啦,我也不睡啦,得洗洗脸,趸点货去啦。(恳切地、渴望地)您劝他进去睡吧。(说完,看看疯子)疯子你听赵大爷的话,进去睡吧。

赵老　您放心吧,娘子,您趸您的货去,这儿都交给我啦。

[娘子下。

赵老　(向疯子告诫地,又是劝诱地)疯子呀,天还早着呢,进去再睡会儿去!

疯子　(走过来)赵大爷您看!……(给赵大爷看手里的小缸)

娘子　(正从屋里端着脸盆出来)别跟赵大爷说这个啦!

[取完水,走回门口,不放心地回头看一下。

赵老　(看了小缸一下,垂下眼皮去,叹了一口气)啊!小妞子!(急忙低下声去,怕叫四嫂听见)她去年今天……咳,欢蹦乱跳的一个孩子、会、会、会……(频数地眨眼皮,控制住内心的酸楚)

疯子　(看见赵低头沉思,自己也怔了一会儿)赵大爷,您这程子老斗争恶霸,可怎么就不斗斗那个顶厉害的恶霸呢?

赵老　(慢慢走过去)哪个顶厉害的恶霸?黑旋风?

疯子　(赶紧追过去)不是呀,淹死小妞子的那条龙须沟!他比谁不厉害？您怎么就不管呢？

赵老　（站定）我管，我一定管，这不是政府已经派人把这溜儿的沟都测量过这么多日子去了吗？要修还不就快了吗？你看看，多咱一动工，多咱我准去做工，我老头子不说谎！（又走过去，走路时发觉自己的裤腿还松散着，于是凑在桌旁，蹬在凳子上背着身子去扎裤腿）

疯子　（跟过去，紧隔着桌子，俯身向赵老头逼问）可是多咱动工呢？明天吗？（天色渐亮）您要告诉我一个准日子，我就更佩服这个新政府了；我就去买两条小金鱼儿——小妞子托我看的那两条都死了，只剩下了这个小缸缸儿啦——到她小坟头儿上，摆上小缸，缸里装上红鱼，绿闸草，我哭她一场。赵大爷，我连哭她的词句都编好了，不信您听听……

赵老　（缠好了腿带子，抬起身来）够了，够了，我不要听，别再唱了，唱了叫人心里更难受！（往自己屋子那边走）妞子太没福气了，早解放一年，她也就死不了啦。

疯子　（听了难过得要落泪）就说得是呢……

[娘子由屋里走出，数着钱票子，腋下夹着包袱皮。

娘子　赵大爷，我趸货去啦。

赵老　你去吧！

娘子　（走过去，推着疯子往屋里走）听赵大爷的话啦啊，进去睡吧——

赵老　疯子，你也别难过啦，听我的话没错儿：我告诉你，咱们的政府是好政府，忘不了给咱们修沟。

焦菊隐与《龙须沟》

《龙须沟》首次演出剧照：疯子向老赵请教自己该做什么事

娘子　（推着疯子进去，这才放心地往外走，走到大门口，又向赵老说）大爷，看把您闹哄得早觉儿都没睡好，您也再补一觉儿吧。

赵老　我天天这会儿醒，不睡啦。娘子，你快去赶早市儿去吧。

娘子　唉。（下）

[天色渐亮，远处电车出场声。赵老正进屋去取洗脸盆，疯子又偷偷溜出来，向赵屋走来。赵一出门口，正碰上他。

赵老　疯子，你怎么又？……

疯子　赵大爷，我还想问您一句话。您刚才说修沟也就快啦，可是几儿呢？得快着点儿呀！

赵老　那又不是我一个人就能定规的事！疯子！（向大妈门口的水缸走去）

疯子　对，对，我不应当逼您。我是说，咱们这溜儿，就是您有本事，有心眼儿！我这么一佩服您不是，就不免有点显着挤兑您啦，是不是？

赵老　你先进屋去睡觉去，疯子。把小缸藏起来，赶快去再睡会去，省得把四嫂子吵醒了，回头叫她看见了又得哭一场！（赵推疯子）

疯子　我这就进去，不过我还有一点儿小事，也得跟您商量商量。

赵老　（有点儿不耐烦，但又压下去）咳……好吧，你就说吧。（开始洗脸）

疯子　您不是说如今人人都得做事吗？先前我叫恶霸怕啦，不敢出去，我又没有力气，干不动笨重活儿。现在人心大变了，我干点儿什么好呢？干点儿什么吧，没手艺，卖苦力吧，没劲儿，作小买卖去吧，赵大爷，咱可不会那么三呀两呀的穷打算。您说我可干点儿什么好呢？

赵老 （一边洗着脸）慢慢来。只要你肯卖力气，一定有机会！（擦着脸）

疯子 我肯出力，就是力气不大，不大。

赵老 慢慢地来，我会给你出主意。这不是咱们这溜儿都装上自来水了吗？总得有人看着卖水呀，等我去打听打听，要是还没有人，问问你去成不成。

疯子 哟，那敢情太好啦，我先谢谢您。连这个我也得告诉告诉小妞子去，赵大爷，我先谢谢您啦！

赵老 先别谢，成不成还在哪啦？

疯子 不是……

[天色渐亮，发鱼白色。四嫂披着头发拖着鞋出来。

赵老 （急忙走上一两步，遮住疯子手里的金鱼缸）哟，四奶奶起来啦，把您给吵醒的吧？

四嫂 （困盹而颓唐）没有。一宿压根儿没睡！我哪儿能睡得着呢？

赵老 不能那么心重啊，四奶奶。丁四呢？

四嫂 （叹气）他又是一宿没回来。昨儿个晚上，我劝他改行，又拌了几句嘴，他又看见我想小妞子，嫌别扭，一堵气，拿起腿来就走了。

赵老 他也是难受呀。本来吗，活生生的孩子，拉扯到那么大，太不容易啦！这条臭沟啊，就是要命鬼！不过，这可好啦，修也就快啦。（忽然看见四嫂要哭，急忙走上几步去）别价，别价,四嫂子!

四嫂　（挣扎着,控制着自己）我不哭!您放心!（疯子赶紧把小金鱼缸往衫底下藏,四嫂走过来,向疯子）疯哥,甭藏藏躲躲的啦!打我身上掉下来的肉,我能不心疼吗?可是,咱们穷人哪,没别的,就是有个挣扎劲儿!

疯子　四嫂您别哭,您别哭,咱们都不哭。我（说着连自己也哭起来）我,我……（急转身躲到花架底下去）

四嫂　（揉揉眼睛,擦擦泪,转身向赵老）赵大爷,小妞子是不会再活了,哭也哭不回来啦。您说丁四可怎么办呢?您得给我想个主意!

赵老　要说丁四心眼儿可并不坏!

四嫂　我知道,要不我怎么想跟您商量商量呢。当初哇,我讨厌他蹬车,因为蹬车不成行当,不体面,没个准进项,自从小妞子一死呀,可倒好,他今儿个不回来,明儿个喝醉了,干脆就更不好好干啦。赵大爷,您不是常说工人最体面吗?您劝劝他,叫他找个正经事由儿干。哪怕是做小工子活呢!我也有个抓挠哇。您看,他现在可倒好,蹬上车,日崩西直门了,日崩南苑了,他满天飞,我上哪儿找他去呀,挣得多他愣说一子儿没挣,我上哪儿找对证去呀?

赵老　四奶奶,这点事交给我好了!蹬车卖力气,白出臭汗,可不能生产,我会劝他。可是,你可也别再跟他吵哇闹哇的啦。大吵大闹,只能坏事,不能成事,您说是不是呢?

四嫂　可是您善劝,我臭骂,也许更有劲儿!

赵老　那可不对。你得动软的,拿感情拢他,我再用面子局他。

四嫂　对，我听您的话。……唉，真叫人哭也哭不得，笑也笑不得呀！（惨笑）得啦，我哭小妞子一场去。（提上后鞋跟）
疯子　四嫂，咱们一块儿去！
四嫂　疯子你别去。
　　　[天色渐亮。一片清晨爽快的感觉。驻天坛附近的解放军早操声，齐唱《三大纪律》的歌声，和号令声。
赵老　叫他跟您去去吧，陪陪您，也可以叫他心里痛快痛快！
　　　[四嫂一直走出去，疯子跟出去。
嘎子　（睡眼蒙眬地从屋里跑出来，打着呵欠，揉着眼睛）妈，我也跟您去！（飞跑出去）
　　　[赵老走过去，虚掩上大门，看看天色已亮，又看看地下，拾起扫帚来扫地。外边已经有了辘辘的车声，和叫卖声。大门忽然被推开了，狗子偷偷溜进来。他的帽檐拉得很低，进门后，往大门外东西张望了一眼，然后把大门关上。
赵老　（正扫着地，觉得有人进来，一抬头）谁？
狗子　（把帽檐往上一推，露出眼睛来）我！（笑嘻嘻地）不认识啦？
　　　去年这会儿，还跟我动刀呢！
赵老　（直起腰来）有什么事？
狗子　有话。
赵老　（威严地）说吧。
狗子　走，咱们到坛根儿说去。
赵老　有话哪儿都能说，不必上坛根儿！

狗子　（笑嘻嘻地）不是，您哪，这是黑旋风的命令……

赵老　（微怒）黑旋风是什么玩艺儿？给谁下的命令？

狗子　您别误会，是给我的命令！我奉他的命令，来找您谈谈。

赵老　（坚定地往前走几步）你知道北京可已经解放了！

狗子　就是因为解放了，才来找您谈谈啦……

赵老　（紧接）解放了，好人抬头，你们坏蛋不大得烟儿抽，是不是？是不是要谈这个？

狗子　（有点忍不住了）咱们说话可别带脏字儿啊，赵大爷，我问您，您当了这一带的区代表啦，对不对？

赵老　那不含糊。大家抬爱我，抬举我作的代表！

狗子　派出所近来抓去了我们的人，听说也是您给做的军师，出的主意！

赵老　大家既然瞧得起我，选我做代表，我就得给大家出力，好人我帮忙，坏人我斗争。

狗子　（强忍下去，改用讥讽的语调）这么说，您也是想成为一霸喽？！

赵老　黑旋风是一霸，我是恶霸的对头，这并不由今儿个起，你知道。

[天已大亮，色调发暖。

狗子　哟，也许打头解放，您就跟共产党勾着了吧？

赵老　那是我的事，你管不着！

狗子　（嬉笑怒骂的态度）行嘿，您算是走对了路子啦，抖起来啦！

赵老　那可不是瞎撞出来的，我是工人——泥水匠，我的劲头儿是新政府给我的！

[邻居们早晨起来劈柴生火的声音，和炊烟。

[大妈从屋里偷偷出来，一看是狗子，赶快又藏进去。

狗子　好，就算您是好汉！可是，……（笑）黑旋风也并不是好惹的呀！

赵老　（怒）你到底干什么来的吧？快说，别磨烦。

狗子　（又突然变成一副谦卑和蔼但是油腔滑调的态度）我呀？黑旋风命令我来找您谈谈。咱们呢，大家本来是井水不犯河水。解放了，我们哥儿们已经有好几个月没活儿干啦，您固然算是势派儿啦，我们哥儿们可头朝下了。您可也别赶尽杀绝。以后布市上、晓市上，再有我们的人，还得请您高高手儿！

赵老　布市上、晓市上，都是老百姓好好做买卖的地方，不准再有偷抢讹诈……先前你们有侦缉队给你们保镖，谁也不敢惹你们；现在作买作卖的，个个可都有干涉你们的本等儿。只要你们再一伸手，再一耍野蛮，就有人管你们。这不是我一个人儿能护得了你们的事儿！你要知道，如今晚儿天下是人民大家伙儿的天下了，不是你们恶霸、地痞流氓，跟大把抓的天下了！

狗子　（成心再软一步）您看，您看，怎么越说越来劲儿啦，您别那么说呀，赵大爷，怎么会没您的事呢？您挨这地面儿上，哪句话不灵？只要您睁一只眼闭一只眼，我们哥们儿就全活啦。（凑上来，小声音，假透亲热）黑旋风叫我跟您商量商量，咱们都是自己爷们儿啦，您又是老长辈，请您给个面儿，只要您点头，回头先给您送过点儿小意思来，买茶叶喝。

赵老　（威严，坚定，而有力）可我要是不要呢？

[铁匠作坊生起火来，从天窗冒出白烟。

狗子　（自以为可以说服赵老似的，郑重而迟缓地）黑旋风说啦……

赵老　（紧接）他说什么？

狗子　他说……（回头望望大门，凑到赵老耳边，轻声但又带着威胁的意味）您可别忘了，蒋介石还要回来呢！

赵老　（突然狂笑）蒋介石？！那个恶霸头儿？除非老百姓都死光了！

狗子　（冷笑）你怎么能看得那么准呢？

赵老　他是叫老百姓打跑了的，我怎么看不准？（狗子一怔，这是他从来没有想到的，听来觉得也有道理，不自禁地在默想）狗子，你还年轻啊，太不懂得好歹啦。要是只为了吃饭，为什么不找点正经事儿做呢？

[太阳开始照射下来。

狗子　我？

[外边远处叫卖《北平解放报》，"看筹备人民政协会议消息"的声音。

赵老　（威严地，直瞪着狗子的眼睛看，把他看得眼皮垂下去。赵老感觉到狗子内心开始有了矛盾，因此趁势进一步作些教育工作）我告诉你，人民政府大仁大义，是要把坏人改造成为好人的。像你这样的年纪，就应当赶快回头，去参加生产，不但政府，就是大家伙儿，也瞧得起你！何必这么东偷一把，西摸一把的，永远当个黑人呢。你回去想想，仔细想想我的话，听我的话呢，你先做个表示，那不是当初你打过疯子吗，先来给人家赔个不是。只要你能办得到这一步，就算你能改，往后我准会帮你的忙，找条正路，不听我的话呢，也随你的便，你小子玩儿完！你去吧……
[铁匠作坊拉起风箱声。

狗子　这……

赵老　甭再这个那个的啦，先回去想想去——要是你真的改邪归正，再来找我，我再给出主意，去吧——（继续扫地）

狗子　好吧！咱们回头再说吧！（又把帽檐儿拉低，先向大门外东张西望一下，然后走出去）

[卖报的吆喝声走近了："买张《北平解放报》！"
[在赵老说最后一大段话的时候，王大妈已经端着脸盆出来盛水，二春也跟着出来。二春看见狗子，怒从心来，想上前去问个明白，却被大妈推进屋去。狗子去后，二春跑出来，走到扫着地的赵老面前。王大妈搬出活计来做。

二春　赵大爷，狗子是干吗来了？

[远处叫卖声——"肥牛肉啊"。

大妈　（把二春拉过来）二春，少管闲事，你赶快洗脸去！

赵老　这叫不知死的鬼，还迷着心窍儿呢！没什么事。我劝他一顿，劝他改邪归正。

二春　他还会好得了？

赵老　这个人还没坏到干吗的地步，要回头也还成！

大妈　你还叨唠什么？天不早啦，快着点儿吧，回头这活儿又赶不完了！

[二春进屋子洗脸后，走出来坐在大妈身旁做活儿。

赵老　大妈，今儿个早班呀！

[附近叫卖声——"麻花儿、烧饼"！

大妈　这阵子活儿多，不得早起点来赶吗？您瞧，（由衷地笑出来）今儿个忙得我连吃口东西的工夫都没啦。您今儿个不上工呀？

赵老　西边的新厕所昨儿交的工，今儿歇一天。我这就要出去，再去看一眼，顺便给疯子捎听点儿事儿。

大妈　就修那一处啊？

赵老　至少是八所儿！人家都说咱龙须沟有吃的地方没拉的地方，这一下子可倒好，连自来水都给安上啦！

[附近一家新开设的手工织布厂，开始干活儿了，可以听见织布机有节奏的声音。

大妈　可真是的，我就纳闷儿，如今晚儿，这做官的把钱都给咱们修了茅房唔的，他们可图个什么呢？

赵老　这是人民政府啊，老太太。您看，我这个泥水匠，一天挣十二斤小米儿，比当干部的挣得还多呢！

大妈　这半年多了，我好歹也看出点儿来了：共产党可是真不错！

[赵老大笑，走进自己的屋去。

[铁匠作坊开始打铁。

二春　妈，您这才说了良心话。这不是前些日子把沟都测量好了吗，等过两天，把沟再一修好了，可够多棒啊！

[红色的阳光，开始射出来，射到王大妈的屋内上，和程疯

子的屋顶上。

大妈　真是好，就怕破了地运啊！

二春　又来了不是？妈，您总是这一套！

大妈　你小孩子家懂得什么？这条龙须沟哇，可比不得别的地方，咱们这儿可有个讲究……

二春　什么讲究？您说说……

大妈　老世年间，刘伯温修盖北京的时候，内城是个龟，外城是条龙，这你懂得吗？

二春　怎么是条龙？龙在哪儿啦？……（外边的工作声渐轻）

大妈　咳，你别打岔呀，听我给你说呀……前门桥头儿的那座大桥哇，是龙尾巴，前门大街是龙腰，赶到咱们这一溜儿就是龙头啦：天桥是龙鼻子，桥翅两边儿，早先还有两座碑呢，还有亭子，那是龙犄角，桥的东西两边儿，原本还有两座荷花池，是龙眼睛，池塘周围种着柳树，那是龙眼睛毛眜，咱们这条街口外边儿，不是有块空场儿吗？那就是龙腮呀，打天桥桥洞往东西两边儿分出两条水沟来，就是龙须子……

二春　还龙须子呢，龙须子还有这么臭的！

大妈　你别看臭哇，它可不非轻易呀。你们不信等下大雨去瞧，沟里的水从高处哗哗地往低处窜，一道子一道子的才像龙须子呢。

二春　不跟您这么瞎白话了，我该送活儿去了。（走进屋子去）（娘子趸了一大包香烟，跑着上。大妈一看娘子那种兴奋的样子，以为又出了什么事，赶紧抱起活计来，往屋里跑）

娘子 （在门外）赵大爷，（进来）大妈，（二春正抱着一堆缝好了纽扣的制服出来）二妹妹，跟你们说个好消息！

[太阳照满全院。

[四邻的工作声又响起。小鸟唧啾声。

二春 什么好消息？

娘子 黑旋风给逮住啦！

二春 这可太好啦！

大妈 未必吧？他那么厉害，谁敢惹呀？

娘子 大妈，这是什么年头啦，您都忘啦？

大妈 我看没那么容易。你听谁说的？别是谣言吧？

二春 妈，您真是……

娘子 哼，是我亲眼得见的。我上市回来，看见街上拥着一大堆人看热闹，我挤到前头一看，敢情是押着黑旋风往派出所送呢。

赵老 （兴奋）真的呀？罢了哇，到底是人民政府哇！

娘子 这我可出了一口气啦，等再把冯狗子拿着，我可得啐他两口，偷我的东西，踢我的摊子，还打我的爷们，狗杂种！

[卖菜的叫卖声——"茄子咧黄瓜！"

赵老 那也用不着，娘子，政府会给咱们出气的！

二春 得枪毙他们才出气呢！

娘子 一点儿不错，枪毙了他们！个个儿都枪毙了，才解恨呢。

赵老 要说这种东西，真是叫人恨不得个个儿都枪毙才出气呢。不过也得看罪名的轻重，拿到了证据的，该杀的，有一千个杀一千也不嫌多，不该杀的杀一个也就算杀多了。咱们政府是公道的，绝不给咱们留祸根儿，也绝不会乱来。咱们相信政府好啦！黑旋风如果该杀，自然会杀的。可是他们犯过什么罪，咱们也该检举的也得检举……

娘子 赵大爷的话对，二春，咱们回头一块儿斗争他们去！

大妈 二春，我可不许你去。

二春 妈，您放心他吃不了我！

大妈 （向娘子）我说娘子，冤家宜解可不宜结呀，你要是再种下根儿，赶明儿市上的买卖更不易做啦。

娘子 （一边收拾摊子）大妈，您这可想错啦，新政府是向着咱们的，咱们还不帮着政府收拾这些坏东西？看他谁再敢跟咱们为仇作对？您就说吧，自从前些日子，官面儿上一加紧捉拿黑旋风，晓市上就压根儿再没出过事。这一下子可好啦，黑旋风这一拿住，晓市上从此就天下太平啦。二妹妹，咱们走！（娘子挎着摊子下）（二春赶紧把做好的活儿包成一个大包袱，也提着追出去）

二春 娘子，你慢两步儿，咱们一块儿走！（跑下）

大妈 （来回地追着二春）我不许你去，二春，二春，（追到门口，拖长了声音）二——春——

[远处正过着电车。叫卖声——"茄子咧黄瓜架扁豆，还有点辣青椒呀！"工作声。

（暗转）

第二场

暗转后：

　　一个下午。王大妈坐在台右自己的门前和面。四嫂傍着台中的半方桌，在缝制服纽扣，锁扣眼，桌上堆着一大堆做好的制服。疯子烧着柴灶做饭，现在至少是他给娘子准备晚饭了。传来四邻的打铁声、风箱声、打洋铁壶声和织布声。这些工作的声音，全场都不停歇，和冰碗儿的敲击声，卖糖的铜锣声，磨剪刀的铜喇叭声，一切都合奏着愉快的、发金属的铿锵的韵律。中间还夹杂着几句叫卖声——"果子干儿咧，玫瑰枣儿喽！"

四嫂　（听听门口叫卖声，微微一笑，继续做着活计，和王大妈谈天）大妈，您看，打从一解放，咱们穷人就再没吃过亏，这不是把大恶霸头子逮住以后，又抓去了不少的混混儿、大把抓无赖游（读如忧）吗？咱们穷人不光日子好过啦，还没人再敢欺负呢！

大妈　不错是不错，就是有一样我可看不惯，您就瞅二春这丫头，可好，打从一解放，就老出去开会，整天儿没啦魂儿似的，满世界乱跑。就拿今儿个说吧，送这么一趟活儿，就是半天儿，这两天又嚷嚷着要进什么班……大姑娘家……

四嫂　（忙着做活）您可别再老八板儿啦，这年月呀，不论大姑娘不大姑娘的啦，女人尊贵啦，跟男人一样的可以走南闯北的啦。您就看，自从转过年儿来，咱们这溜儿的女孩子们都白种了花儿啦，白打了药针儿啦，也白上了学啦！

大妈　女孩子家识字念书有什么用，赶明儿还能中状元哪？

四嫂　大妈您可别这么说，到底是识文断字的好，做个事儿也免得像你我似的，净受男人的闲气。您看近来街坊四邻的，不是有好些女人都做了事儿了吗？只要肯吃苦，肯干，人人都能有事儿做。

大妈　这个我可不信，那，疯子呢，疯子还不是闲着来着！

疯子　（急忙往灶里填上一大把柴，站起来向大妈走来）哎哟！大妈，这可不能怪人家，人家不是不惦着咱哪，前两天文化馆的那个同志找我有好几回啦，一死儿的叫我去唱两段儿。人家不拿咱当作艺的呀，说咱是艺术家，把咱看得高，高哇。咱不是不敢去吗？撂了这么些年，都生疏了，玩艺儿也老掉了牙啦,再说嗓音也不行啦,这气派顶不上来啦。我这才左推右谢的没有去。

大妈　敢情是啊?那你也总得想个道儿呀。这份嚼裹儿难道总指着娘子一个人挑吗?

疯子　说的是呢,我不是跟赵大爷商量过多少日子了吗?他说去看自来水也许有门儿。(高兴得更加走近大妈几步)

四嫂　(站起来走近疯子)真的?那要是成了可好!

大妈　(同时)那可好!

疯子　(正背朝着大门口,十分高兴地笑着)

[外边冰碗儿声和"果子干儿咧,玫瑰枣儿来!"的叫卖声当中,夹着狗子在门外的呼唤声。大家听了一怔。

狗子　(在大门口外)疯哥,疯哥在家吗?(走到门口站在)

四嫂　谁?噢,是你呀!(向大门口大步子走去一二步)又来干什么?

疯子　(与四嫂同时)谁?是你?(往四嫂身后躲避)

大妈　(看见是狗子来了,很害怕,赶紧端起面盆,走进屋子去)

疯子　(退到四嫂窗下的角落里)你又来打我啦?打吧,我可不怕你啦,你要知道,打人的打大发了,挨打的可要拼命呵,打吧!

四嫂　(凑近狗子,转身向疯子)看他敢!(向狗子)你还敢出来欺负人?好大的胆子!黑旋风都给拿着了,你不能不知道吧,瞧你敢动他一下,我不把你碎在这儿!

狗子　(很窘,笑嘻嘻的,但很诚恳)谁说我是来打人的呀!

四嫂　那么是来抢?你抢一个试试!

狗子　（有口难辩，尽量想解释）我已经几个月没干活儿啦!
四嫂　你那也叫活儿? 别不要脸啦!
狗子　叫活儿不叫活儿的吧，我洗手不干了，警察总不能抓我不是，好家伙，谁还敢再干?
四嫂　你也知道怕呀!
狗子　这是人家赵大爷给我出的主意，先别作案，然后再去自首，自首以后，学习两三个月，出来以后，哪怕是蹬三轮车去呢，我就能挣饭吃了。
四嫂　（很不高兴）你瞧不起蹬三轮儿的是不是? 反正蹬三轮儿的不偷不抢，比你强得多! 我的那口子就干那个!
狗子　（赶快赔礼）哟，我说走了嘴啦，您多担待。赵大爷说啦，说我要是真心改邪归正呵，得先来给程大哥赔个不是。我不是打过他吗? 赵大爷说我有这份儿诚意呢，他就带我一把儿，要不价呀，他就不管我啦!
[疯子听了这话，不但放下了心，而且觉得很得意，走到大妈门旁的木箱子上坐下，自己在那里掏耳朵，仿佛四嫂和狗子的谈话与他无关，他只是旁听者似的。
四嫂　（兴奋得更理直气壮）疯哥别叫他先赔不是，你也照样儿给他一顿嘴巴，一还一报儿，顶合适。
狗子　我说四嫂，疯哥不说话，您干吗直给加盐呢? 赵大爷大仁大义，赵大爷说新政府也大仁大义，这我才敢来的。得啦，您也高抬贵手吧。
四嫂　当初你怎么不大仁大义，伸手就揍人呢?
狗子　（窘住，难为情地）当初那不是我揍他的。

四嫂　不是你，是他妈的畜生！

狗子　（索性骂自己一顿，好叫四嫂消气，免得弄成僵局）那就算是我狗仗人势，借着黑旋风发威啦，行不行？（有意向疯子求援）谁也不是天生来的就坏不是，疯哥您说？

四嫂　（抢疯子的话回答）好像你倒天生下就是个好人呵？哼，要不是黑旋风玩儿完了呀，你也不会说这么甜甘的话！

狗子　这，您……（觉得很尴尬，不知如何是好，情势僵住）

[远处叫卖声——"冰棍儿败火！"

疯子　（突然，很自然，也很淡然）四嫂子，叫他走吧，赵大爷出的主意不会有错儿，再说咱也不会打人！

四嫂　那不太便宜了他？

疯子　狗子你去吧！

["冰棍儿败火！"声近。

[狗子好容易得了个台阶下，急忙要往外跑。

四嫂　（用话拦住狗子）你是道了一声劳驾还是说了一声多包涵哪？这就算赔不是啦？

狗子　不瞒您说，我这还是头一回服软儿呢！

四嫂　（往前赶上一步）你还不服气？

狗子　我服，我服。赵大爷告诉我了，说我这只手打这儿可不能再打人，得去做活儿。疯哥，咱们日后还得套近乎，我还得高攀跟您交个朋友呢，我这儿给您赔不是了！（拱手作了一个揖，搭讪着走到大门口）

["冰棍儿败火！"声更近。

疯子　（把狗子叫住）回来！（狗子一只手扶着大门，转过半身来，向疯子望着，不知道是什么事。疯子像有重要的事情似的，照直向狗子快步子走去，走到距离狗子大约三四尺的地方，突然停住，四嫂也停止了做活儿，等着疯子说话）你连你的手伸出来，给我瞧瞧！（狗子莫名其妙地慢慢伸出手来，疯子看了看，突然说话）啊，你的也是人手哇！去吧！（狗子满脸通红，急下）

["冰棍儿败火！"声近。

[大妈从屋里探头出来，看见狗子已走，才又出来，继续做饭。

四嫂　唉，疯哥，真有你的，你可真老实。

疯子　（正往柴灶那里走，俯身要去掀锅）打人的已经不敢再打人啦！我怎么还去学打人呢？（进屋子去取东西）

二春　（匆匆忙忙地，在大门外）二嘎子——二嘎子！（喘得气呼呼地跑上）四嫂，二嘎子呢？

四嫂　他上学去啦！

二春　那怎么齐老师还到处找他呢？

四嫂　是吗？那，这孩子没上学又上哪儿玩去啦？……

二春　那我到别处再找找他去。（说完又跑出大门去）

大妈　二春，你回来！（要去追）

四嫂　（站起来，忙到大门口把二春喊住）二妹妹，你回来，大妈这儿还有事呢！（二春擦着汗走回来）

二春　那回头二嘎子误了上学，可怎么办呢？

四嫂　你放心吧，他准去，哪天他也没落（读如腊）过，这孩子现在对于念书上头可带劲儿着哪！

[二春走到自己屋门口，端过洗脸盆来，擦脸、擦脖子和手腕子上的汗。

[工人合作社的收音机放送着《妇女自由歌》。

大妈　（很不快活，板着脸）二春，我问你，你今儿个怎么送一趟活就是个半天儿？成天像掐了头儿的苍蝇似的，正经事儿全不干啦！这是怎么回事儿呢？

二春　谁说我没干正经事儿？咱们老百姓自个儿管自个儿的事儿，不是正经事儿呀？再说，家里该干的活儿，我哪一样儿也没耽误呀！

大妈　这么大的姑娘，满世界乱跑，我看不惯！

二春　年头儿改啦，老太太，我们年轻的不出去，事儿都交给谁办？您说？

大妈　这话甭拿来问我，反正我不能出去办！

[疯子从屋里出来，揭开蒸笼，送进屋子去，又添了一把劈柴，想烧开水，看看锅里的水不多了，便一趟一趟的从大妈门口的小水缸里舀水过来。

二春　这不结啦！（转为和蔼地）我告诉您吧，刚才是这么回事儿，人家中心小学的女教员齐砚庄啊，挨学校里教完了一天的书，还来白教识字班。孩子们不来，她还亲自上家去找去，您多喒瞧见过这么好的人哪？刚才我送完了活儿，正遇上她挨家儿去找孩子呢，我就说啦，齐老师，您歇歇儿，我替您找去。孩子们都找来啦，就剩下二嘎子还没找着，我跑到他摆摊儿的地方一看，好，连人影儿都没有……

四嫂　那就对啦，他准是上学去啦，你们俩走依性啦，二妹妹，你放心吧,这孩子有志气,不会跑哪儿玩去的!

二春　这倒许——

大妈　那也用不了半天儿呀,你还干吗去啦?

二春　对啦,妈,告诉您个好消息,我不是跟您说过重工业部招训练班的学生吗?我到派出所去请他们给我写介绍信去啦。

四嫂　(连忙凑拢了来)派出所真管找事儿呀!训练班是干什么的?

[疯子端着一瓢子水,也凑拢来。

疯子　(与四嫂同时)道喜,道喜!

二春　训练几个月,派到石景山那什么地方的钢铁厂里去工作!

大妈　嚇,越来越不像话啦!比你姐姐还厉害啦!进铁厂?成天跟光着脊梁的大小伙子一块儿混?不行,我不答应!

疯子　大妈哟,这您可别拦着,这是正事,您瞅我,连盼都还盼不上呢!

四嫂　可不是吗,好容易找到的事由儿,可别放了手哇!要是我们二嘎子能找着个事,我心里可就松一大口气啦。

[赵老头从外边下工回来,很疲乏,但也很愉快。进门向大家招呼,大家也都叫了他一声,问他一句"下了工啦?"他一边回答着,点着头,一边走进屋子去。

大妈　二春呀,有档子事儿,我老想跟你提,忙得可总没得说,今儿个,我可不能不跟你打开窗户说说亮话啦。

二春　有什么话您说吧!

大妈　(看看各自回去工作的四嫂和疯子)咱进屋儿去说去……

二春　有话这儿说不是一样吗？

大妈　这种事儿本来不能当着人提，好在……四嫂、疯子也都不是外人，再说年头儿也改啦，大姑娘们也没什么磨不住的啦，这儿说就这儿说吧。

二春　瞧您这份啰唆，有话快说吧……

大妈　还怕我不说！你坐下。那不前些日子给你提的那门子亲，你不答应吗？我也是不大乐意的，不答应就不答应吧。这回人家崔二奶奶又给提了一档儿，可不错，小人儿也是咱们沟上耍手艺的，人又规矩，我想答应下来啦。人家说娶也就快，所以我不能不跟你说明白了，一交了订，你可就算是人家的人啦，打今儿个可得好好给我在家里待着，不能再出去乱跑，我可不能叫没过门的女婿指着我的脸来骂，说我的闺女不正经。什么进铁厂啊进六厂的，及早儿甭想……

二春　（着急，突然站起来）妈，您甭跟我瞎白话这些个，我还小着呢，一点儿本事还没有哪，先就结婚？

大妈　学了本事你也得结婚呀，难道一辈子不出门子啦……

二春　出门子不出门子也得由我，现在都讲结婚自由！

大妈　嚇！一张纸画个鼻子，你好大的脸哪！你说话还像个还没出门子的大姑娘吗？！

二春　什么大姑娘不大姑娘的，我就是不嫁人，我就非进工厂不可……

大妈　没那么八桩事，你老老实实地给我在家里待着！

二春　不！我偏不！这我就去叫他们给我写介绍信去。（往外跑

下）

大妈　（追）我看你敢去！二春！二春！

[《妇女自由歌》声更大。

[四嫂正把做好的活计包了一个包袱，挎了起来，要出门去送。

四嫂　（拦住大妈）大妈，您别着急……

赵老　（从屋里端着茶壶、大茶碗，手里夹着一包茶叶出来）这是怎么回子事？

四嫂　娘儿俩儿拌了两句嘴，二春一生气跑出去啦，赵大爷您给劝劝老太太吧，我该送活去啦。疯哥，劳你驾，去把二妹妹也给找回来，告诉她，有什么话跟赵大爷说。（下）

疯子　好，我去！（往灶里填一把劈柴，匆匆跑下）

[外边叫卖声——"又凉又解渴的雪花酪儿咧"——还有冰碗儿声。

赵老　（把茶壶、碗放在门口的长板凳上，打开茶叶包，往壶里放着茶叶）老太太，您这是又怎么啦？！这打从一解放，新政府样样儿都叫咱瞅着痛快，您怎么反倒老是心里这么别别扭扭的呢！

大妈　打从一解放啊，给咱们抓土匪，平物价，还给咱们修茅房，我真得说共产党好！

赵老　这可是您说的！（端着茶壶往大妈门旁的火炉那边走）

[冰碗儿声。

大妈　（稍停）就是有一样儿呀……（长叹一声）

赵老　（走到半路，停住）有话您就尽管说，人家这好人好政府都不怕批评!

[冰碗儿声。

大妈　共产党可真厉害呀!

赵老　(大笑)厉害?(说完,提起火炉上的开水壶来冲茶)

大妈　您瞧啊,以前,前门里头的新事儿,总闹不到咱们龙须沟来。城里头闹什么自由婚哪,葱油婚哪,闹呗,咱们龙须沟,别看又脏又臭,还是明媒正娶,不乱七八糟!(冰碗儿声,锯碗的小锣儿叮当声)

赵老　(泡好了茶,端着茶壶往回下里走)我明白了,二春上回没答应您那门亲事,您心里总是不痛快,是不是,您哪?可这跟共产党有什么关系呢?

[锯碗的小锣儿叮当声。

大妈　他们尽教给年轻的去自由,不听老家儿的话!上回提的亲事不点头,不点头就罢啦,这回人家给提的这档子,可真不错呀!可您说,刚才吧,我刚这么一提,好,她拿起腿来就跑啦,就好像是有人给她撑着腰似的,还说什么婚姻自由,您说,就凭这一招儿哇,我就不佩服共产党,他们不单在城里头闹,还闹到龙须沟来啦,您说厉害不厉害!

[锯碗的声音走远了,磨剪刀的"惊规"——打击铁片声又来了。

赵老　王大妈,这才叫真革命呢,有根儿上兜着底儿来!

["惊规"声。

大妈　(有点忍不住,站起来向赵走去)您要是有个大姑娘,您肯叫她去自由吗?那像话吗?

["惊规"声。

赵老　（端着茶碗，笑嘻嘻地慢腾腾地走到大妈面前）我？我要是有个女儿，要自己去选个小人儿，我就嘱咐她说：姑娘，长住了眼睛噢，别挑错了人，得要肯苦干的小伙子，嫁给工人！

大妈　喝！您可倒真开通啊！（气冲冲地往回下里走，坐下去。大妈自觉出对赵的态度太坏了，怕得罪人，赶快换上一副和蔼的颜色，带着笑容，自己找台阶下。但是心里的气并没有真消，却完全发泄在揉面上）不是啊，赵大爷，二春要是真的能长住了眼睛，我还有个不愿意的吗？可她懂得什么呀？这要是一进工厂，没我在旁边儿，我怕她跟工厂里人乱来！

赵老　（凑到大妈跟前，严肃地）进工厂可是好事！您可别拦着！您放心，二春要是乱来，我先不答应她，再说那工厂里的工人群众也不依呀！再说，进了工厂，不光是二春有了出息，她月月有个准进项，收入又多，您手头儿不也可以松快点儿了吗？

[大妈正使着劲儿揉面来发泄气恼，听到收入多这句话，手忽然停住，在沉思。

赵老　我说得让孩子去！

大妈　这……

[人民警察（即第一幕的刘老总）扶着酒醉刚醒的丁四上，丁四不肯叫他扶着，直说自己能走得稳，脚底下却像踩着棉花似地蹒跚着。

民警　（扶丁四，走到大门口）赵大爷，来扶他一把儿。（赵赶快跑到大门口，帮着刘把丁四扶到台中上的半方桌旁坐下）

丁四　甭扶我，我一个人儿走，能行！

民警　（扶着丁四坐下）四哥——歇会儿吧——

大妈　这是怎么回事啊？

民警　大概喝了点儿空心酒，在坛根儿躺着呢。

赵老　大妈，给他点儿水喝，（忽然想起自己凳子上就有茶）甭啦，我这儿有茶（过去给丁四倒了一碗茶，递给民警）回头可别让四嫂子知道，省的又怄气！刘同志，劳驾啦。

[大妈打凉水，给丁四拧了一把冷毛巾。

民警　（把茶递给了丁四）也就是现而今哪，要搁在从前，坛根儿这么一躺，连袜子都得叫人家扒光啦！

赵老　（走回自己门外的长凳那里去）也就是现而今的人民警察，要搁在从前，谁还管个喝醉了的蹬三轮儿的？

民警　（匆匆向大门口走）得啦，赵大爷，您多照应着点丁四吧，我还得忙我的去哪！

大妈　（把手巾递给丁四，叫他擦擦脸）刘老总儿，谢谢您啦，您不坐坐歇会儿吗？

赵老　您别再叫他老总儿啦，他现在是人民警察啦。

大妈　咳，老总吧，警察吧，有个事儿就好歹先混着吧！

民警　（刚要走，又转回来，和蔼又诚恳地解释）好歹的混着？老太太！您看，就凭我，一个鬼混了多年的警察，现在人民政府不但要我，还教育我，这可不简单，好歹的混着？好嘛，您哪，我得破死命去干，才对得起人哪！（向赵）

赵老　（向刘）是啊！您原本是个好人，没做过缺德昧良心的事儿，没害过人，没贪过赃，别看您以前给他们当差，可是您的心眼儿好，也算做过不少的好事儿，政府根据大家伙儿的意思，把您给留下，这里头是有个道理。

民警　所以啦，我现在就得把我的好心眼儿全拿出来，再配上这几个月学习的新思想，好好儿的给大家伙儿服务。赵大爷，您招呼着丁四吧，我得忙我的去啦。

赵老　喝碗茶再走！（说着进屋子取碗）

大妈　不喝茶呀？您慢慢走！

民警　不啦，王大妈！我想起来啦，派出所已经搬到这边儿来啦，好多照应着天坛根儿，有什么事儿，您喊我们一声就行！（往外走）

赵老　（拿碗出来，斟茶）刘同志，您来碗儿……

民警　不啦，回见吧。（下）

大妈　（走到丁四面前，接回毛巾来）丁四，觉乎着怎么样啦？

丁四　没事！我没喝醉！

赵老　（自己喝着茶，讽刺地）没醉是没醉，就是喝多了点儿！

大妈　就别说他啦，他心里也未必好受——（向丁四）再来碗儿吧！

丁四　劳您驾。（大妈接过碗，送到赵的面前，赵给斟茶）刚才我是一阵子发晕，现在好啦！我是心里不痛快，其实并没喝多！

大妈　（把茶送到半方桌上）拿去。（丁四喝茶）

赵老　我就不明白，老四，四奶奶现在也挣得比以前多了，日子也总算好过啦，你怎么倒不好好地干了呢？你这个样儿叫我老头子都没脸儿见四奶奶啦，她可托我劝你不是一回啦。你得提起点儿精气神儿来干哪，瞧瞧，人民政府哪样儿不先照顾咱们，你自己个儿也得知道要强啊。

丁四　您哪，您向着这个政府，净拣好听的说。

赵老　有理讲倒人，我没偏没向，有话你只管说吧。

丁四　您说照顾咱们，您瞧瞧，解放啦，我不还照旧这么风啊雨啊的蹬三轮儿？！

赵老　丁四哎，你这话可叫没良心！前一阵子政府没有劝你们改业呀，我掰开揉碎的劝你，你只当耳旁风嘛。

丁四　我三十多岁啦！您可叫我改哪行吧？

赵老　开垦，挖煤，修沟，补马路，这都是活儿，都能干。

丁四　噢，提起修沟补马路来，赵大爷，您可就说漏了空（读如控）啦……

赵老　我哪点漏了空啦，你说？……

丁四　（不好意思说出来）反正啊……

赵老　（追问到底）反正什么？你说！

丁四　反正政府说话也有时候不算话。

赵老　嘿，巧哩，人民政府偏巧是做了才说话的，有哪点儿说了没算过，你倒说说！

丁四　您就说吧，打一解放，就嚷嚷着修沟……

赵老　（紧接）那不是已经测量过了吗？

丁四　是啊，测量是测量过啦，可是测量过这些日子去啦，可他们来修了没有？

赵老　修沟不是打三钱油两钱醋的事儿，那得画图、研究、预备材料、请工程师，一大堆子事儿哪。（稍停。外边冰碗儿声）丁四，我跟你打个赌，怎么样？

丁四　不用打赌。这么说吧，多喒修沟，多喒我起劲儿。您总说这个政府是人民的，我倒是要看看它给人民办事不办事，这条沟淹死过小妞子，我跟它有仇！

赵老　这可是你说的！不能说了不算？那么我问你，要是政府真来修沟，你去不去？

丁四　您看着呀！

赵老　等着我的，多喒修沟，你还不听我的话，要是不去跟着修沟，看我要不揍你一顿的！

丁四　您揍我还不容易，我又不敢还手！

赵老　（向大妈）您瞧，这家伙软硬不吃，没法儿办！（喝茶）

大妈　得啦甭跟他上论（读如吝）啦，他刚喝醉嘞，叫他躺躺儿去吧。丁四，你还不到屋里睡会儿去。

[丁四蹒跚着往屋子里走。

[外边冰碗儿声和喇叭声。

二嘎　妈！妈！（跑上）

丁四　（刚走到屋门口，突然一转身，把一肚子气全发泄在二嘎子身上）你嚷嚷什么？你这个小王八蛋！

[天上的浮云被往西坠下去的太阳照得慢慢红起来，满院子反射得火热而明亮，特别是大门和赵老头子的屋顶。外边的叫卖冰棍声，"惊规"声，冰碗儿声，锯碗的小锣声，

有远有近地交织成一片金属的生活音乐。人声嗡嗡地从远处传来。

大妈　二嘎子，二春刚才找你上学，你跑哪去了？

嘎子　我去啦，刚下学。嘿，大妈，我下学回来，看见牟家井儿搭上了窝棚，来了一大群做工的！

赵老　（兴奋地）是吗？你看见的？……

嘎子　是呀，我看见的，大街上还来了不知道多少辆车，拉着砖、洋灰、沙子，还有里面可以站起来一个人的大筒子。

赵老　在哪儿？

嘎子　咱们胡同口儿外边的空场儿上就有。

赵老　（兴奋）二嘎子，你领我去看看去！

嘎子　走，赵爷爷！（赵与二嘎子跑下）

丁四　大妈，难道真修沟吗？

大妈　我不信。

丁四　为什么？

大妈　还没要钱哪，哪那么便宜的事儿！

丁四　这也对，我还是睡觉去。（下）

〔从工人合作社传来《咱们工人有力量》的歌声。

疯子　（兴奋，慌乱，高兴到极点，喘呼呼地跑上）到啦，到啦……

大妈　（迎去）谁到啦？二春吗？

疯子　修沟的到啦！

大妈　（着急）我问你二春呢？

疯子　谁？

大妈　二春呀？找着了吗？

疯子　啊，她呀，找着啦！

大妈　找着啦她说什么了呀？

疯子　她说呀，您要是一死儿叫她结婚，不答应她进工厂，他就跑，打这儿不回来啦！

大妈　那你怎么说的呢？

疯子　我说呀，姑娘，有什么话你先回家去，是不是您哪？回去打家里再跑，那不是一样吗？

大妈　（生气）瞧你这份儿疯话！（自己要出去找去）我自己个儿找她去！

疯子　（拦住大妈）大妈您甭去，去也没用，介绍信呢，是已经写成了，报名呢，她是非报不可，您要不答应，她打这儿就不回家，您怎么着也是看不见她；您要是答应呢，她就回来——

大妈　（为难）这合着一点儿也没商量啦！……

疯子　那可怎么着您哪……

　　　　[大妈在低头沉思，迟疑不决。外面的人声，在一片叫声中渐渐地大起来，疯子屡屡向门外张望，兴奋得一边擦汗，一边想再出去看看。

疯子　怎么样啦，大妈，我可等不了啦，马上我就得出去啦！

大妈　咳，去吧去吧，没法子啦，赵大爷不是也是这么说的，就依了这个死丫头吧！

疯子　好，（跑到大门口，向外）进来吧！（说完，忙走进屋子去）

二春　（跑进来）妈，您真答应啦！

大妈　二春你听我说！

二春　我明儿一大清早就报名去！

大妈　二春你听我说……

二春　妈，我还告诉您一个好消息！

大妈　什么消息不消息的，你听我说。（拉着二春要往屋子里走）

二春　（挣脱）妈，要修沟啦！嘿，这太棒啦，妈，您想想看，没了臭水，没了苍蝇、蚊子，没了恶霸，修完沟再一铺马路，这儿不快成了天安门啦吗？

大妈　先别喜欢，缴起捐来可够你受的！

二春　妈，您这当这是早先哪，这是人民的政府啦！打这儿起，谁要再说人民政府半句坏话，我掰下他的脑袋来！

大妈　哟，看美的你，你也要揪下我的脑袋来吗？好丫头，你可倒乐疯啦！

[赵老跑上，后边跟着二嘎子。

赵老　（兴奋到极点，在门外）到啦，到啦，（走进大门口）修沟的可真到啦！

疯子　（由屋内跑出来，揪住赵的胳膊，一边和赵老走着，一边说）赵大爷，您真圣明，自打一解放，您就说准修沟，您算说对了！

[外面的人声，嘈杂成一片夹杂着《咱们工人有力量》的歌声。

四嫂　（又拿来一大包活计，由外边匆匆跑上，向赵）外边嚷嚷动了，都说是要修沟，真修沟吗，赵大爷？

赵老　（向四嫂）对啦，真修这条永远没人管的臭龙须沟！

娘子　我这可得磕个响头！（向屋里跑）丁四，丁四，可真修

《龙须沟》首场演出剧照：四嫂拿来一大包活计，由外边匆匆跑上，问大家修沟的事

啦！（下）

大妈　真修沟？没听见说过的事，（合揖，大笑）这我可真得说共产党好啦！

丁四　（匆匆跑出来）什么？（向赵）赵大爷，真的修沟吗？

赵老　（走到丁四面前，坚决而威严地）对啦，丁四，你怎么样？刚才的话还记得吗？

丁四　（下了决心）我呀——赵大爷，您看着，我马上就到工程队报名去。（跑下）

赵老　好小子，我也跟你去！（跑下）

[疯子乐得不知如何是好，一句话没有说，也跟着跑下。

二春　等等，我也跟你们去！（跑下）

大妈　二春，回来，二春，（奔到门口）二——春！

四嫂　（由屋内跑出，兴奋得与大妈同时）大妈，大妈——

（幕在大妈的叫喊和四嫂的拍手大笑中，以及外边嘈杂的人声和歌声中急闭。）

第二幕

第一场

时：一九五〇年夏天，某一夜的后半夜。

地：龙须沟地势较高处的一家小茶馆。

人：同一二幕，另加

　　刘掌柜

　　剃头的王五

　　人民警察乙

另外有男女群众若干人（男群众里边，有挖沟的散工、铁匠、木匠、石匠、泥水匠、搬运夫、电锯工人、电磨工人、织布的、硝皮子的、卖小金鱼儿的、卖青菜的、炸油条的、卖豆汁儿的、天桥卖武艺的；女群众里边，有织布的、织洋袜子的、纺麻织补麻袋的、缝纽扣眼的、缝背心的、洗衣服的、摆香烟摊子的，等等）。

景：刘家小茶馆：两间西房，互相通连，各有一道门通到外面一道土台子上。土台上用木棍支着一道破席棚。棚下放着两张长方桌；长板凳和单人凳，都仰放在桌面上。右上的角落处，是一座砖灶，已经破坏不能使用，现在当作桌子用了，上边放着许多茶壶、茶碗,和小酒坛子、酒菜,少数的香烟;另外还有两三个玻璃瓶子,里面装着一包包的茶叶,花生米等等。几盏没有点着的洋油灯,也放在砖灶上。

台右上,茶馆的旁边,一面破山墙。墙下放着修沟用的大洋灰筒子。右下,是一座小木桥,横跨着一条臭沟,桥旁立着一根电线杆子,街灯照亮了茶馆前边的街道。茶馆的左边是一道破墙,墙角下放着扫帚,小板凳。土台左下角上,放着一个大煤球炉子,火苗冒得很高,上边煮着两大壶开水。土台下,左下,是通到另一条街的窄路,路旁摆着两大水桶自来水。

开幕时,前半夜的雨刚刚打住,还能听得见从破席棚滴下来的滴水声。天上的薄云已经开始在浮散,微微的月亮朦胧地照到土台的左上角,和一张长方桌上左墙上挂着一盏昏昏的油灯。

小茶馆的刘掌柜,一位六七十岁的老头子,正从砖灶上端过两盏洋油灯来,放在右长方桌上点着,土台上更亮了些。他随后走到左边煤球炉子那里,看看火,看看水壶,又往台右的桥头外边张望了一下,好像在等待什么人似的。当他把左边长桌上的凳子搬下来摆好的时候,忽然听见桥上有人说话。

民警　（已经从桥上走下，穿着被水浸透的破雨衣，赤脚穿着胶皮鞋，污泥溅到卷起裤子的大腿上，手里拿着电筒）刘大爷，您多辛苦啦。（人民警察乙跟在他的身后，也是满身泥水）

掌柜　（笑嘻嘻地，客气地）哪儿的话，您哪！

警乙　（在台后）老刘同志。（上）老刘同志，邻居们我已经都挨家儿通知了……（下了桥）天成店你说好了没有，空房子全包下了吗？

民警　（回身，站住，向人民警察乙）我已然全包下了。妇女们住的店我还没来得及去。这么办好不好：你马上到连升店去一趟，也把空房子都给留下来，给老街坊们住。跟天成店一样，该多少钱，完了事到派出所去算账！

警乙　好吧！（向台左走，欲下）

民警　等等。（跟上几步去）你跟连升店的王掌柜的说：咱们所长托付他，住店的都是老街旧邻的，叫他招呼着周到点儿。完了事之后，你再去帮着赵大爷，把老街坊们都领到这来，行不行？我已然跟赵大爷说好啦，他那条街由他来组织。

民警　好吧！（下）

[鸡叫声。

掌柜　刘同志，沟挖通了吗？

民警　快挖通啦，您这儿预备的怎么样啦？

掌柜　都差不离儿啦，等会儿老街坊们来，准保有热茶喝，有舒服地方坐。

民警　这就好了，这就放心了。刚才我已经跟赵大爷说了，请他先别挖沟了，先招呼着老街坊们到这儿来。免得万一房子塌了，别看再砸死人。（刘掌柜正要搬火炉，民警赶快把电筒放在桌上，过去帮忙）噢！我来帮您搭！（和掌柜的两人把火炉子抬到土台下的左下角）我说刘大爷，您说这场雨下得可多不是时候？要是再晚下几天，新沟就完了工啦，老沟一盖上盖儿，不就没这事了吗？

掌柜　这话您说。也就是搁在现而今哪，要是在解放以前，别说下雨哟，就连淹死砸死也没人管哪！这可倒好，派出所还租下小店、小茶馆，叫老街坊们来躲躲儿，惟恐怕房子塌了砸死人。所好也就是这一宿了，您看，这云彩都散开了，天一亮准能晴个利索，沟再一通，水跟着就能下去，往后哇，再下多大的雨也甭怕啦。

警察　（一边听掌柜的讲话，一边用电筒照着那两间黑洞洞的房间看）可不，这回事啊，也幸亏是大家伙儿有出来自动帮忙的，要光靠着我们派出所这几个人儿，跟工程队啊，干的也不会这么快。说了归齐，还是人多好办事儿。刘大爷，我去报告我们所长去啦！回头赵大爷领着老街坊们来，您可多给照应着点儿，多泡几壶茶，茶叶钱、水钱用多少派出所都照付。

掌柜　刘同志您放心，决不能叫大家伙儿受委屈。不过茶钱的事儿，我不是刚才就跟您提过吗，您再去跟所长说一说，我可万万不能收。什么话呢？大家伙儿挖沟淘水，我老头子一个人儿承（读如情）现成儿的，临完还再收钱，那不是太以的说不过去啦吗？

[刘掌柜点着洋油灯。

民警　那可不行，刘大爷，您要是不收哇，那我们可就犯了错误了，回头要受批评。这已经就觉得怪对不住您的啦。三更半夜的把您给惊动醒啦。

掌柜　这算什么！你们小哥儿几个才算辛苦哪！

民警　这还不是应该的吗？可是我们所长就怕有人不明白，还以为这回水漫出槽来，是挖沟给挖的呢。

掌柜　都是老街坊了，谁还不明白这份意思吗？回头叫卫生小组长跟大家伙儿解说解说也就没什么了。

民警　倒也对，哟！老街坊们来了。（迎向桥边。赵老头领着一批群众先上）赵大爷！都来了吗？

赵老　来了一班（读如拨）儿，跟着就都来。（走到土台下）

警察　这儿可拜托您啦！赵大爷，我得到挖沟的那儿去看看。（向桥下来的群众）老街坊们！这儿歇歇儿吧！（下）

娘子　（领着几位妇女上）慢着点儿，二嫂子，这儿可滑。（向赵）赵大爷，我们哪儿呆呀？

赵老　女人、小孩，到屋里去，屋里也有火，先烤干了脚。

[刘掌柜把两盏灯交给娘子。

娘子　（跑到房门口）来吧，都请里边坐吧！（进去放下灯，屋里亮了，又出来）

女甲　（挎着包袱走下桥来，站住，端详一下小茶馆）噢，原来这儿就是刘家小茶馆呀！（回身向丙）大婶儿，您看，还真不错呢！（把包袱递给上了土台的男甲，二人下）

女乙　（在甲站住时，走到甲前，向赵与甲，同时）要说人民政府可真不错呀！还给包下小茶馆儿！

赵老　先进去吧。
娘子　（在门口）二嫂子先进来吧，有话等会儿再说吧！
　　　[女乙把包袱交给随在身后的男乙，下；男乙随下。
女丙　（是一个小女孩，飞跑而上，一直奔台左的火炉那里去）赵爷爷，待在哪儿？
赵老　（指房门口）屋里头。
娘子　（招手）小琴！这儿来，快着。（小琴下）
男丙　（与小琴上场同时，追着女丙跑下）小琴！小琴！
女丁　（一位老太太，由抱着婴儿的女戊和女己搀扶着，走到桥头，与小琴上场同时）小琴，小琴，这丫头跑哪儿去啦！
男丙　（急转回去，搀女丁下桥）妈您放心吧，她进屋儿啦。
女戊　（放开女丁，走上土台）赵大爷，是这屋吗？
赵老　对啦！快进去，把孩子放在炕上！（女戊下）
　　　[女丁下桥时，差一点儿滑了一跤，男丙和女己着慌，用力搀着。
女己　（一手还挎着包袱）大妈，您留点儿神哪！
赵老　老太太可留神！
　　　[女己和男丙扶女丁上土台。
女丁　小琴呢？
女戊　在屋儿哪！
赵老　（向女己）把包袱交给我吧！
女己　（躲闪）甭啦！
娘子　（跑过来替男丙扶女丁）大妈，我来搀着你。（与女己扶女丁下）

女己　（在门口向男丙）还有个大包袱哪？

男丙　我这就背去（跑下）

　　　[群众进房以后，因为门开着，所以听得见屋里嘈杂而重叠的对话，如：——

　　　"大妈您来啦，这边儿坐！"

　　　"二嫂子坐这边儿来！"

　　　"小琴，让你大婶儿坐！"

　　　"孩子放在炕上吧，别弄醒了他！"

　　　"烤烤火吧，脚底板儿都湿透啦！"

　　　"好家伙，刚才差点儿摔了我两大筋斗！"

　　　"你们家进去多少水呀？"

　　　"还好，没上炕呢！"

　　　"……"

　　　"……"

娘子　赵大爷，您说我干点儿什么？

赵老　疯子呢？你的东西呢？怎么不拿出来？

娘子　我只顾招呼邻居啦，自个儿的东西还没来得及呢。疯子正往外搬呢。

赵老　你先跟疯子把东西搬了来，然后帮着照应照应大家伙儿。

娘子　是喽！（下）

　　　[男甲、男乙由屋里出来。

赵老　你们俩再回去看看，帮帮后边的人。

二春
赵老　（同时）好喽！（跑下）

赵老　二春！二春！（向屋里望）二春呢？怎么二春还没有来吗？

二春　（从外面应声）来喽！赵大爷，我来喽！（跑上，手中提着小包，身上披着的破雨衣，一边说话）好家伙，差点儿摔了两个好的，地上真他妈的滑！

赵老　（走下台阶）别说废话，先干活儿！

二春　（走向赵）干什么？您说！

赵老　先去烧开水，沏茶，叫大家伙儿热乎乎的喝一口，然后再多烧点水，找洗脚盆，给孩子们烫烫脚，省得着凉生病！（赵忙着看开水，灌水壶。刘掌柜过来抢着干，赵过去沏茶）

二春　是啦！（提起小包走进屋子去）

[屋子里传出妇女的谈话声，和向二春打招呼声。
[人民警察乙背着王大妈上，她两手拿着许多东西。

大妈　（在台后）二春！二春！你在哪儿哪？你就不管你妈呀？我要是摔死了，你横是连哭都不哭一声！

赵老　（向屋内）二春！二春！你妈来了，快着！

[二春跑出来。

大妈　（从警察身上下来）我要是摔死了，你横是连哭都不哭一声。

[二春跑过去搀大妈，刘掌柜去接她手中的东西。人民警察乙喘了一大口气。

二春　（对人民警察乙）劳您驾，歇歇喝碗茶吧！

警乙　不了，还得背别人去呢！（跑下）

二春　妈，屋里烤烤火去。（接妈妈手中的东西）

大妈　我不在这儿！（东西不肯松手）

二春　不在这儿，您上哪儿？

大妈　我回家，我忘了把烙铁拿来啦。

赵老　（正在桌后倒茶）大妈，这是瞎胡闹。烙铁不会叫水冲了走！您岁数大，得给大众作个好榜样，别再给我们添麻烦啦！

大妈　唉！（坐下）我早就知道要出娄子啊！从前动工破土，不得找黄道吉日吗？现在，好，说动工就动工，也不挑个好日子，龙须沟要是冲撞了龙王爷呀，可怎么不发大水！

二春　您这是……

赵老　二春！干你的去，就让老太太一个人儿在这儿叨唠吧！（赶忙用炉灰填路，由台阶垫到桥头）

二春　（正端着刘掌柜递给她的茶壶茶碗）妈！您好好地在这儿，别瞎叨唠。现在呀，哪天干活儿，哪天就是黄道吉日，用不着瞧皇历！

[走进屋去。以后二春出出进进的，提水，用水壶灌水，找盆子。

[疯子先跑上。娘子挎着烟摊子，提着包袱，正走在桥上，脚下发滑。疯子赶忙转回身去，搀扶娘子。

娘子　（半笑半生气地）你撒手我吧！瞧你是搀我呀！还是揪我呢？

疯子　好，我撒手！（接过娘子的东西，放在土台上）

娘子　（向赵走去）赵大爷，咱们那溜儿的妇女小孩儿，剩不下几个了，我已经都给组织好啦，随后就都跟着她们的男人来。……您看，现在我还再干点什么呢？

[赵已到火炉前。

赵老　帮助二春去照应照应大家伙儿。叫二春给大家伙泡茶烧水

洗脚；你给老太太小孩子们烘烘衣裳。她在屋儿里呢。（娘子下）

疯子　（向赵）赵大爷，您说我干点儿什么？您也派我点儿事儿做。

赵老　疯哥，你去作联络员，来回地跑着点儿。

疯子　好！这点儿事儿我能行。（刚要跑下）

二春　（由内室冲出来）疯子，顺便儿再找几个脚盆来。

疯子　是喽！（二春下）

娘子　（也跑出来）还得找个烘笼儿来！

疯子　有咧！说话就来！（娘子下。疯子刚要下，忽然想起）我说，赵大爷，水够使吗？自来水的钥匙可在咱身上啦，用水方便！

赵老　够用，够用……

掌柜　（与赵同时）够用，够用……那不是刚挑来两大桶了吗……（疯子下）

娘子　（又从屋子里出来取包袱，看见大妈）哟！老太太您怎么在这儿坐着，不进去呢？

大妈　我不进去！没事找事儿，非挖沟不可，看，挖出毛病来没有？

娘子　沟可是得修哇，大妈，修好以后，就永远不再出这样的毛病了！不是不应当挖沟，是应该早点把沟挖好。（说完把香烟摊子搬进屋去）

赵老　这话对呀！（赵和刘掌柜都在扫地，或者灌水，加煤）

二春　（正走出屋外，向水桶走去，灌水）听见了吗？妈？您可别再埋怨啦！妈！您要老这么不讲理，我这不是学习不了吗，赶明儿一进工厂，我可永远不回家了。

大妈　好丫头，去训练训练了几个月，这才回家几天儿呀，就学会这么一套啦！我斗不过你们，我还是回家！破家值万贯，我不能半夜里坐野茶馆玩儿！（站起来要走）

娘子　（又出来取包袱，赶快过来，拦住）算了吧，老太太！这回水并没有灌进去，不是派出所发动男人们淘了吗。不过呀，这是人民政府跟人民警察呀，唯恐其砸死人，所以包下茶馆来，才把咱们都领到这儿来。要搁着从前，您想坐野茶馆呀，连花钱还轮不上咱们呢！得啦！进去歇会儿吧！走吧，喝碗热茶去。（推着扯着大妈往屋里走）（疯子在远处喊叫）

疯子　（提着木盆和烘笼子，向外）往这边来，这边走，众位。（向赵）赵大爷，又来了一班（读如拨）儿！（二春和娘子出来。二春隔着人头接过木盆去。娘子隔着桌子接过烘笼去，然后把生好了炭火的瓦盆捧出来，放在煤球炉子旁边，又跑回去把烘笼取出来，罩上，又去取出湿衣服来蒙上烘烤。）

赵老　（向桥外）这边！这边！

[甲、乙、丙、丁和另外几个男群众，带着一二个女人上。

赵老　女的到屋里去，男的把东西放下，丢不了，先喝碗热茶。（女群众进屋。赵一边说着一边让男分坐在两张桌旁。刘掌柜帮着斟茶。大家坐下）喝完了茶，咱们好好组织一下，帮助淘水跟挖沟去。（自己也坐下）

男甲　那不是有工程队啦吗？听说也快通啦，用不着我们啦！

赵老　咱们多去几个，一合起手儿来，一下子不就通了吗？再说咱们也不能净叫官面儿上的人受累呀，是不是？

男丙　对呀！冲着人家官面儿上这般热心劲儿，咱们也应当去帮帮忙，咱们自个儿的事儿嘛，得咱自个儿办！

赵老　这话说得对。这不是茶馆由派出所包下了吗，又有刘掌柜的在这儿照应着，老长辈啦。（笑，看看刘，刘也哈哈腰，笑）这儿放心，人也丢不了，东西也丢不了。

男丁　看赵爷这么大年纪啦，还去挖了半宿呢，咱们年轻的要是不去出点儿力气，那可太说不过去了。要依我说，累活儿得咱们年轻的干，咱们这么说吧：四十岁以上的不挖沟，光去淘水，四十岁以下的去挖沟，大家伙儿看合适不合适？

群众　（一齐）合适！（站起来）走吧！

赵老　（拦住）先别忙，这个主意错倒是不错，可就是我还得照样儿去挖沟。

男丙　您这么大的年纪了，不必啦！

赵老　话不是那么说。我当初答应过疯子，说多喒政府一动工，我就去修沟，我不能说了话不算！

男丁　那疯子也不能怪您呀，这是我们大家伙儿的意思！

赵老　不行，我老头子不能说了不算！

男丙　这么办吧，赵大爷，你也忙合了一宿啦，今儿个后半夜就算您歇歇工成不成？反正这茶馆里也得有个主心骨哇？您就趁着这个工夫，在这儿掌大旗，让我们小哥儿几个先去，待会儿您再换肩儿，您看好不好？

赵老　那合适吗？

群众　（一齐）合适，有什么不合适的。就这么办，咱们走吧！

[群众往外走着。

赵老　这么着……就辛苦你们小哥儿几个啦！（说完拾起扫帚来扫地）

男丙　咳！这叫什么话您哪，您才真辛苦哪。

[群众下。二春忽然由屋里跑出来往桥外跑。

赵老　二春，你干什么去？

二春　（匆匆）脚盆不够使的……（跑下）

四嫂　（挎着两个包袱，神色慌张地跑下桥来）赵大爷，赵大爷，看见二嘎子没有呀？

赵老　他不是跟着工程队挖沟了吗。

四嫂　是呀，我也以为在那儿呢。我担心他淋了一宿，给他送件小褂儿去替换替换，可是到那儿一问，人家说他年纪小，熬不住夜儿，叫他早点儿回家啦。我哪儿也没找着，这孩子别看……（把包袱放在长凳上）

赵老　您放心！这么大的孩子啦，丢不了。丁四呢？

四嫂　他还跟着挖沟呢！

赵老　啊？！好小子，他算有了进步！

四嫂　有了进步，哼！您等着瞧吧！他在外边儿受了累回来，我的罪过可大啦！他横挑鼻子竖挑眼，倒好像他立下了汗马功劳，得由我跪接跪送才对！

[打开一个包袱，取出一件衣服。

赵老　就对付着点儿吧！你受点儿委屈，将就将就他，不管怎么说，他现在总是为人民服务呢。这么大的雨，也溜溜儿干了一宿，还真卖力气，也就怪难为他的啦！

娘子　（从屋里出来，看见四嫂，走过来）四嫂，进去喝口热茶吧，赶赶寒气儿！

四嫂　娘子，你给我照应着点儿东西，我得去找找二嘎子去！

娘子　（接过包袱来）好吧，交给我啦，没错儿。

四嫂　（慌慌张张地往桥外跑）好家伙，这孩子可别再跟小妞子似的……（娘子提着包袱下）

赵老　（向四嫂后影）这叫多余操这份儿心！（转头向刘掌柜）咳！也难怪，本来吗，当父母的都是这个样子啊……

　　　［刘掌柜感叹。

　　　［赵用铁簸箕盛起炉灰，沿着土台下的走道垫。

疯子　（在桥外）帮帮我来哟，我弄不动他！

赵老　谁呀？

疯子　冯狗子！

　　　［赵赶到桥头，看是疯子，连背带拉的拖着冯狗子上。狗子哼哼着，向疯子客气着。赵老和刘掌柜都去帮着把狗子搀下来坐下。

疯子　（一边搀着狗子走，一边说话）他去挖沟，一滑，把腿腕子给扭啦，快给他想想主意，他疼得直出盗汗！

赵老　（向刘掌柜）劳您驾，给找剃头的王五去，怎么样？他会接骨。

掌柜　这没什么，我去，这儿托您照应着啦。

赵老　您放心吧，都交给我啦。（刘掌柜下）

娘子　赵大爷，我给狗子在屋里炕上收拾个地方去吧？

赵老　对！娘子，劳您驾啦！

娘子　咳，这是什么话呢？（下）

赵老　冯狗子，你是好小子，你可真知道学好啦！

狗子　（满头是汗珠子，忍着疼）赵大爷，这可是多亏您，要不是您那么左说右劝，我怎么能够明白的过来呢？疯哥，你是好人，真有你的，不记前仇，反倒把我扶到这儿来，你的心眼儿太好了！

疯子　我给你找点东西，垫上脚，舒服一点儿。（找来个小板凳）你说我好，我就得更好，是不是？

娘子　（正出来）那不行，还是叫他进屋里躺躺去吧。

赵老　屋里躺躺儿吧！对！（和疯子扶狗子入室）

[娘子正拿着衣服出来，看见丁四扛着铁锹，满身泥垢，疲惫地从桥上走下来。

娘子　四哥，回来啦？

丁四　快累死了，还不回来？（坐下）

娘子　（斟一碗茶）四哥，先喝口热乎的吧。

丁四　谢谢您，娘子。

娘子　不谢。（到火炉边去烘衣服）

赵老　（由屋内出来，后边跟着疯子）噢？四哥，怎么回来啦？

丁四　回来啦，怎么着？

疯子　四哥，沟怎样啦？

丁四　快挖通啦！

[二春找了两个脚盆回来，正走到桥上。

大妈　（从屋里提着挎着东西出来）丁四，到底儿是怎么回事呀？（略停顿，等丁四回答；丁四看了大妈一眼，扭过头去，不语）

　　　　　水下去没有，屋子塌了没有？（略停；丁四不耐烦地又盯了大妈一眼，扭过头去）咱们什么时候能回去？（略停；丁四端起碗来喝了一口，砰的放在桌上）他们真把东西都搬到炕上去吗？……

二春　（在桥边）妈，妈，您怎么一问就问一大车事呀？四哥累了半宿了，您教他歇会儿！

大妈　好，我不出声儿！只当我没长着嘴行不行？（怒冲冲地走回屋里去）

丁四　别吵喽！有人心的给我弄点儿水洗洗脚！

疯子　我去！我去！（忙走到火炉旁，娘子递给他一壶开水。）

二春　我来，我来。（把一个盆放在丁的面前，跑进屋子去。疯子往盆里倒好开水，用手试试，觉得太热，又去取来凉水掺上）

丁四　（打着呵欠）赵大爷！

赵老　啊！怎么样？

丁四　自从一修沟，我可就听了您的话，跟着做工。政府对得起咱们，咱们也要对得起政府。话是这么讲不是？

　　　[娘子把烤干的衣服抱进屋去，又拿出湿衣服来。四嫂正在这时回来，走到桥上，看见丁四在发牢骚，不知道是什么事，忙用手势招呼娘子。娘子跑过去，向四嫂耳语，告诉她丁四又发脾气了。

赵老　对！你有劲儿。政府给咱们修沟，你年轻轻的还不出一膀子力气吗？

丁四　可是，净咱一个人儿对得起政府不行啊，这得大家伙儿齐心哪。我苦干了一天,临到晚上,还叫水泡着。街坊邻舍就没一个人去给我换换班儿,也没有一个人惦着我,就说二嘎子他妈吧,连她也不去看看我。

二春 (拿出脚布来,递给丁四)四哥,别说啦,先烫脚吧!

丁四 (把两只泥鞋往地上一摔)我不干啦!

二春 (正走向屋门口)不干啦?

疯子 四哥,赵大爷常说,为大家伙儿干活儿的都是好汉,您去修沟,您跟政府一样的好,这个谁都知道,四哥您是好汉,我愿意伺候您,来,我给您洗脚。

娘子 对,让疯子给你洗。

丁四 疯哥,那不行!那可不敢当!(丁四拦疯子,疯子抢着要替他洗)

[四嫂正和娘子说着话,忽然看见这种情形,赶快过来。

四嫂 那可不能!疯哥起开,我给他洗!(蹲下给丁四洗脚)

赵老 (向疯子)你去干你的去!(疯子跑过去看看水桶中的水,匆匆走下)

[娘子继续烘烤湿衣服。

丁四 (向四嫂)你干什么去啦?

四嫂 我找二嘎子去啦。工程队说他年纪小,看他熬不住啦,叫他回家去睡。我刚才赶回家去,没有,到处找了个七开八到,也没找着他。这孩子困啦,别看……

丁四 (紧紧接话)对,就剩这么一个儿啦,那个丫头淹死沟里头,这回再把儿子……够多么好啊!(越说越气)我还是得躲开这块倒霉的地方,这个地方不出好事儿!

四嫂　你又来了不是？你是困啦，累啦，闹脾气。洗完了，你先进去睡会儿觉。二嘎子丢不了，他那么大啦。（把丁四的湿泥鞋送到火炉边，娘子接过去替他烤。然后跑进屋里去。丁四自己擦干了脚）

赵老　我说丁四啊，你这叫什么脾气？你现在给大家伙儿挖沟，大家伙儿谁不伸大拇哥，说你好？刚说你好，你又犯了病儿啦，这是怎么啦？！（四嫂从屋里拿出一双干净的布鞋，放在丁四面前。把洗脚盆端到台左尽头去倒）

丁四　哼，连二嘎子都许饶进去啦，还不说我好！

［人民警察甲背着二嘎子从桥外走来，二嘎子已睡着了。

警乙　（在桥外）四嫂子……四嫂子……

赵老　（指桥外）你看，那不是二嘎子呀？……

四嫂　（急忙迎到桥头）二嘎子你上哪儿去喽！

丁四　（与四嫂同时）哟！？二嘎子！（忽然高兴，站起来，迎过去）同志，劳您驾啦，

您交给我吧！

警乙　（指着熟睡着的二嘎子下了桥）不用倒手啦，看回头弄醒了他，先说放在哪儿吧。

赵老　背到那屋儿里去，那儿有个土炕。

［警乙背着二嘎子进去，四嫂和娘子都随着进去。丁四站在门口，朝里望。

［鸡叫声。

赵老　丁四呀，你这个脾气可得改改，什么事都不弄清楚了，就先给这么一闹，等闹完了，事情才明白，这再后悔，你呀，

《龙须沟》首场演出剧照：警察背着二嘎子进院子

  我说你可怎么好呢！

丁四 不是，赵大爷，这也不怨我，您说三更半夜的，二嘎子一没了影儿，又不知道是怎么回子事，（警乙上）我怎么会不起急，您说……

赵老 所以说啦，你总得把事儿给弄清楚了哇！（向人民警察乙）同志，劳您驾，您跟他说说是怎么一回事儿？

警乙 是这么档子事儿：这孩子干了一宿，实在吃不住劲儿啦。走到半路上，眼都睁不开啦，我正碰上他，怕他看再摔倒了，就把他给背到派出所去啦。挨那儿瞧了会子，我们不是都太忙吗？没有人看着他，这才把他送到这儿来。

赵老 丁四，你明白了吗？还不谢谢人家！

丁四 同志，道谢啦。得，赵大爷，您也不用生气啦，我听您的话就是啦。我还是修沟去。

［娘子又取了湿衣服出来。

赵老　等等，瞧你这风一阵火一阵的。

［二春出来灌水壶。

丁四　您可别说我是狗屎脾气，就凭人家这位同志把二嘎子背回来，您叫我干吗我干吗。什么话呢，咱们都是外场人，不能讲一面理儿，耍大娘儿们脾气！

二春　喂，你这叫怎么说话？我们女人并不像你，一会儿明白一会儿糊涂！

赵老　得啦，先不用嚼清这个啦。丁四，你累了半宿啦，进去睡会儿吧。

丁四　不啦，等沟通了再睡。（拿起铁锹来，往桥上走）

赵老　（紧追了两步，追不上）同志，劳您驾，扶他屋里睡会儿去！
　　　（警乙拉住丁四，劝他进屋子去，丁四不肯）

赵老　（威严地）丁四，睡会儿去！

丁四　（驯服地，高声）您瞧这够多不合适！（下）

［大妈听见赵老的高声，走出来看看是什么事儿。二春提着水壶往屋门走，警乙往桥边走。

二春　可倒好，说不闹脾气可又比谁都顺溜儿！

赵老　咳，没法儿办！

二春　（走到桌旁，放下水壶，给人民警察斟了一碗茶）同志，受累了，来口茶吧。

警乙　不啦，谢谢您啦。您也出了力气啦。（转向大妈）王大妈，叫您也受了委屈啦。

大妈　受屈不受屈的，到底这都是怎么回事呀？

警乙　这待会儿，等我们所长来跟大家伙儿解说吧，我得走啦，还有事呢，再见啦！（下）
　　　[人民警察甲带着许多群众和一部分挖沟的散工，说说笑笑地上。

赵老　（急忙迎上去）辛苦了诸位，沟挖通了吗？
群众　通啦！（大家很疲乏，都各自找个座位坐下，在闲谈着）
赵老　刘同志，沟真挖通啦？
民警　通啦！
赵老　（非常兴奋）挖通啦，这太好啦！
　　　[娘子，二春，听了也极其兴奋地往屋里跑去。

二春　（向内）二姐，沟挖通啦！（下）
娘子　（同时）大家听着，沟挖通啦！（下）
赵老　好哇，都喝碗热茶，歇歇儿吧！（给大家倒茶，大家也抢着倒茶，说说笑笑，聚成三一群两一伙的）
民警　赵大爷，把屋里的人都请出来吧，卫生小组长有两句话要向大家报告……
赵老　二春，请大家伙儿出来，小组长有报告。
二春　（在内）是喽！走哇，咱们都出去，有报告！
　　　[屋内的群众，都在嘈杂的谈话声中走出来，聚成小组，有的站着，有的坐着，高兴得大声音谈着话，轰隆成为一片。

民警　老街坊们！（嘈杂声渐低）
赵老　大家安静安静！（声音静下去）
民警　老街坊们！都请坐。

女丙 （站起来让自己的座位）刘同志也请坐！

群众 对啦，坐着说吧！

民警 （不肯坐）站着说话方便！（群众声音又静下去）老街坊们，夜里的事儿有人知道，有人还不大清楚，现在我们所长还在别的街上帮着淘水呢，赶不过来，所以嘱咐，由我们的卫生小组长跟大家报告几句。（群众低声闲谈了一刹那）

[在群众低谈的嗡嗡声中，男群众庚站起来。

男庚 老街坊们！（大家肃静）今儿晚上出的这点事儿，我得跟大家把情形说一说。人民政府修沟的计划，原本是先修一道暗沟，把暗沟修好之后，再解决那条老的明沟。这个，诸位都知道吧？

群众 这当然知道。

男庚 刚一修沟的时候，工程处就想得很周到，下边用板子顶住沟梆子，上边用柱子戗住了墙，省得下面的土一松，屋子跟墙就都垮架。咱们这溜儿的房子都不大结实，这个，诸

《龙须沟》首次演出剧照：卫生组长给大家报告情况

位当然也都知道喽。

群众 （一齐）知道。

男庚 可是呀，人民政府这么留神不是，还不幸出了上半夜儿的毛病！谁也没想到，这么早就能下瓢泼瓦灌的暴雨。暗沟的管子还没来得及接好，旧沟又叫咱们大家伙儿在去年冬天倒炉灰什么的给堆的太高啦，雨水一下子排不下去，这才又把院子给淹了。这可不是修沟修出来的毛病……

民警 我们所长也叫我传达给大家，话虽这么说，总算让诸位老街坊们受了委屈啦。

丁四 这算不了什么！人家连区长还都亲自往外背人，抢救东西呢。

女甲 是呀，咱们派出所的所长，还给大家往外淘水呢。可真没见过！

民警 我们所长到现在还没忙活完呢，所以先派我来慰问大家，等会儿他还要亲自跟大家讲话。

男丁 那可不敢当，刘同志，你也辛苦了一宿啦，来碗茶吧，您哪！

[群众兴奋快活到了极点，又是一片嘈杂地互相谈论起来：讲说人民政府的好处。忽然，大家的嘈杂声完全停止，鸦雀无声，只有王大妈一个人还在专心致志地和另一位老太太大声音谈论着。

大妈 挖吧，挖吧，看挖出了土龙来了不是？（忽然发觉大家都静默了，便也突然把话打住。弄得大家哄堂大笑）

民警 大妈，有话请说吧。好话歹话都可以说，咱们是一家人！（沉静）

二春　妈，您要有话，您就说！（沉静）

　　　［大妈不语。

赵老　大妈，说呀！这时候的人民警察，愿意听咱们的话。

大妈　（静默了一阵）我没有话说，要说呀，我只说一句：下回再下雨呀，不用把我弄出来，半夜三更的，我害怕。

　　　［大家哄堂大笑。

男乙　人家是怕屋子塌了，砸死人哪！老太太！

男甲　要不挖那条暗沟，不是没有这回事了吗？

二春　你说的是糊涂话！

男甲　现在不是谁都可以说话吗？

二春　可也不能说糊涂话呀！你想，不修暗沟，怎么能够填平了明沟！不弄没了明沟，咱们这儿几儿个才能不脏不臭？你说？

男丙　得，小子你他妈的吃了憋啦！

男甲　你他妈的……

　　　［大家哄堂大笑。

女乙　沟修好了当然是不臭啦！可是这块地运就怕破了啦！

娘子　（在众声嘈杂中）喂，我想说两句话——

男戊　吥喔，娘子军喂！（众哄笑）

民警　你说吧，程大嫂！

娘子　刚才这位大婶儿提起地运，我倒想起从前来啦。当初日本人、国民党在这儿的时候，咱们这儿的臭沟，倒是没人管过，那地运可该好了吧？可是大家受的是什么罪，咱们大家伙儿都得想想啊。一下雨，做小买卖的出不去，做活儿的做不了，臭水往院子里、屋子里灌，漫到炕上，满屋子全是臭粪、死老鼠，大尾巴蛆往墙上爬，淹死的砸死的有多少哇？就说不下雨吧，苍蝇蚊子，都打成了团儿，得急病儿死的，可又有多少哇，那个时候，我们不光是没人管，外带着还有人偷，有人抢，有人讹诈，日子过不了，人活不下去！咱们可都没忘吧？（停。群众都低下头去，默然。有的老太太在擦眼泪）可是现在呢！人民政府处处照顾咱们，还给咱们修沟，不光沟翻了身，人也翻了身。这不得说是地运旺起来了吗！

四嫂　人不光翻了身……

男丁　阴盛阳衰，全是娘儿们说话啦！

四嫂　怎么啦，我说的是你们不争气的大爷们么！人不光翻了身，还变好了哪。就说我们这口子吧，（丁四不好意思地笑）要不是政府给咱们修沟，他能变成工人，给大家伙儿做事吗？赶明沟修好了，人也变好了，那够多么的棒呢！

丁四　我不算数，我们二嘎子比我还行呢……

娘子　四嫂的话对。人家都说共产党能把鬼变成人，鬼我倒没看见过，疯子我可是亲眼看得见的呀！连疯子都不疯啦。政府惦念着他，叫他去唱，他唱不了啦，还叫他看自来水。如今大大小小的，只要肯干活儿的，都有个指望啦，人人都打起精神儿来干事啦！

二春　疯哥可真不错，自来水看了一天，又当联络员，忙活了一宿，还把狗子给背回来了呢。

疯子　他是这么档子事，您哪，别看狗子当初欺负过咱，打过咱，他如今变好啦，人民政府连人都给改造好啦。（群众笑）他给大家伙儿卖力气，崴了脚，我能不背他回来吗？是不是，您哪众位？

男丁　要说狗子可真卖力气！

男丙　狗子太好啦，照从前活活成了俩人啦！

男戊　狗子行，变得快！

赵老　（向外望）来啦，来——啦！

群众　（一齐）谁来啦？

赵老　剃头的王五，给狗子治脚来啦！（群声嘈杂中，刘掌柜领着王五上）

群众　（一齐）王五来啦……好……快给狗子看看去吧……你敢情还会捏骨哇……

王五　在哪儿了？

掌柜　屋里啦，跟我来。（进去，王五随下）

男乙　（向疯子）大家伙儿的话都不错，说的都对。就有一样，我还不明白，得问问你老哥。既然给咱修沟，为什么不计划周全了，一口气修成柏油大马路，那不就没有这回事了吗？

疯子　这个……

民警　老街坊，是这么回事……

男庚　听我说……

赵老　我来说几句……

男庚　对，您说吧！

民警　赵大爷您说说也好。

1951年《龙须沟》首次演出本

《龙须沟》首次演出剧照:街坊四邻在茶馆讨论修沟

二春 (努力压下大家的嗡嗡声)安静点儿,赵大爷说话啦。(大家静默)

赵老 咱们政府可不是有钱的!有多少大事都等着用钱呢,王府井大街不能修,西单牌楼不能修,可先给咱们来修沟,这是几十年没有管过的臭沟,这实是件了不起的事,我活了六十多岁了,没有见过……这就证明政府是人民的。你说没有计划?他要是没有计划就不先来修龙须沟。至于出点儿小毛病,那是谁也没有想到这场大雨,保不齐的事。再者沟修好了以后,不是永远就不出毛病了吗?沟修好了以后,还会不修马路?往后还许修花园盖工厂呢!这都得一步一步地来。人心都在人心上,政府爱我们,我们也得爱政府,不能因为一点儿小毛病,就忘了政府的大计划大好处。是不是呀?诸位,难道是沟修错了吗?

群众 (一齐)没修错,赵大爷说得对!

疯子　（兴奋）要不出这回事儿，咱们还不知道政府是怎么个好法儿呢！

群众　疯哥有根！对！

民警　我再来补充一两句吧，我们所长派我跟大家伙儿说，这回事儿还算好，没有伤了人。大家的东西呢，来得及的，我们都给搬到炕上去了。现在雨早已经住了，天也亮了，大家愿意回家看看去呢，就回去，愿意先歇会儿去呢，咱们包了两所小店儿，大家随便用。

赵老　到家里看看，要是没法儿歇，没法儿睡的，便可以到店里去。是这样不是？刘同志！

民警　对啦！

四嫂　哪两家店哪？

民警　西边的连升店，跟东边的天成店。二春二姑娘，你招呼着姑娘老太太们，到连升店去。赵大爷您带着男同志们到天成去。

[群众都站起来，准备提着自己的东西走。

二春　妈、娘子、四嫂、诸位，咱们走哇！

娘子　我去拿东西。（进屋里去）

女众　我们去拿东西去。（都进屋去，男群众帮助扛东西）

赵老　（向男群众）诸位等会儿，先把狗子扶出来！（下）

掌柜　小哥儿们，都走啦，辛苦你们啦！

男甲　我们算不了什么，人家工程队跟挖沟的工人才算辛苦呢！

男乙　对！修沟的工人太辛苦啦！

男丙　咱们给修沟的工人来个好儿怎么样？

男丁　对，给修沟的工人来个好儿哇！

群众　（齐声高呼）好儿!

　　　[王五扶着狗子出来。男女群众互相招呼着，嘱咐着话，在一片嘈杂中，分两边下。四嫂，二嘎子和二春走在最末。大妈出来坐在凳子上。

二春　（又走回来）妈，走哇!

大妈　一辈子没住过店，我不去!

二春　那你上哪儿去呀？就这儿坐着吗？

大妈　这儿坐着？我回家!（站起来要走）

二春　屋里还有水哪!

大妈　在家里淌着水也是好的!

二春　成心捣乱! 妈，您可真够瞧的!

四嫂　（走回来）二妹妹，就让大妈回去看看也好。二嘎子，你送王奶奶去，在家里要是不能落脚儿，就搀她老人家到店里来，听见了没有？给奶奶拿着东西! 大妈，您走这儿可留点儿神!

大妈　久住龙须沟，走道还不知道怎么留神吗!

　　　[四嫂很窘，被二春拉着下。

二嘎　王奶奶，我要是走得快，你可别骂我!

大妈　我几儿骂过人？小泥鬼儿!

　　　[二嘎子连蹦带跳地跑过桥去。

大妈　（一边追着，一边拾着地上的东西! 一边喊）二嘎子，二嘎子，你慢着点儿，等等，等等……

　　　[掌柜收拾着茶馆哈哈大笑。

（幕急闭）

第二场

时：一九五〇年夏，龙须沟，新沟落成，旧沟填好，并且修了马路。

地：同第一幕，杂院。

人：同第一场。

景：大杂院已经十分清洁：破墙修补好了，垃圾清除尽了，花架子上爬满了红的紫的牵牛花。枣树下，赵老的门前，水缸上，都摆着一盆盆的鲜花。丁四的窗下也添了一口新缸。满院子被阳光照耀着。

1951年《龙须沟》首次演出本

开幕时：

　　王大妈正坐在自己门前的一个小板凳上，再给二春逢着花布短褂，地上摆着一个"针线簸箩"。四嫂没有做活，——长方桌也没有放在院子里，——穿着一身新衣裳，从屋里走出来，尽在端详自己的打扮，特别注意自己的新鞋新袜子。

　　远处传来秧歌锣鼓声。

大妈　（看见四嫂出来，就向她发牢骚）四嫂哇，你看二春这个丫头，去训练，一去几个月不回家，好容易盼她毕了业，回家来等着派事儿，可倒好，天天不见影儿。明儿个就要进工厂了，今儿个也不是又哪儿疯去了！我这儿给她赶件小褂儿，连个穿上试试的功夫都抓不着她！

[远处秧歌锣鼓声，越来越近。

四嫂　她忙呀！咱们这溜儿的暗沟修好，又铺了马路，今儿个也不是要开什么大会……反正就是办喜事儿的意思。您听，秧歌队都出来了。（跑到大门口，往外张望）正打胡同口儿外边儿过。大妈，您快来看看。（大妈走到大门口，秧歌队已经走过）哟，已经走过去啦（转身），她说啦！您、我、娘子，都得去，要不怎么我换上新鞋、新袜子呢！您看，这双袜子还真抱脚儿，一点也不拧股着！

[秧歌锣鼓声过去了，又听见了四邻积极生产的声音——打铁，打铁皮，织布，还有新建的电锯厂的电锯声。

大妈　（往回下里走）我可不去开会！人家说什么，我老听不懂。

四嫂　（跟过来）也没有什么难懂的。反正说的都离不开修沟，修沟反正是好事儿，好事儿就拍巴掌啊！是不是，老太太？

大妈　（笑嘻嘻地）哼，你也跟二春差不多啦，为修沟的事儿，瞅你乐的一天到晚都并不上嘴啦！

四嫂　是值得乐吗！（得意，一种轻快的感觉，使她不自觉地去攀弄牵牛花）您看，以前大伙儿劝丁四去找点儿正经事由儿做，谁也劝不动他。这一修沟哇，可倒好，沟把他给劝动啦！

大妈　（坐下）臭沟几儿个跟他说话来着？

四嫂　比方说呀。（走过来）这是个比方呀。从前哪，沟仿佛老在那儿说：我臭，你敢把我怎么样？我淹死你的孩子，你敢把我怎么样？政府一修沟啊，丁四可仿佛也说了话啦：你臭？你淹死我的孩子？我填平了你个兔崽子！（笑）就是这么个意思。（走到赵门前的花盆边，掐了一朵花，戴在头上）

[娘子挎着香烟摊子，提着布包儿回来。

四嫂　娘子，怎么这么早就收啦？

娘子　不是要开大会吗？这是百年不遇的事，我得歇一天工，好去开会。

四嫂　是呀。我今儿个不是也歇一天工，净等着去开大会了吗！

娘子　（忽然看见四嫂浑身上下全是新的）喝，四嫂子，您都打扮好啦！我也得换上件干净大褂儿去。这好比说是给龙须沟做生日，新沟完了工，老沟哇，玩儿完！

大妈　什么事儿呀，都是眼见为真；老沟敞着盖儿，没填上哪！

娘子　那还能不填上吗！留着它干什么呀？老太太，早填上啦！大妈，连马路都修上了，您总不出门，不知道，这怪您对街面儿上的事儿太不积极啦！（提起烟摊子，进了自己的屋子）

大妈　什么"鸡集，鸭集"的，反正我沉得住气，不乱捧场，不多招事。

四嫂　（走到大妈面前）我知道您为什么老不高兴，就是为了二姑娘的那门子亲事。您心里有这点委屈，就看什么也不顺眼，是吧？

大妈　按说，我不应当因为自己个儿的别扭，就拦住你们的高兴。是呀，你们应该高兴啊。你就说，连疯哥都有了事儿做了，谁想得到啊！

娘子　（用梳子梳着头，走出来）大妈，您别提疯子了啦，提起来，他可要把我气死！

大妈　怎么？

四嫂　（同时）怎么？

娘子　自从他看上自来水呀，天天夜里他不定叫醒我多少遍。一会儿：娘子，鸡还没打鸣儿哪？

大妈　嚇，他可倒真"鸡集"呀！

[四嫂用水去浇院里的花草。

娘子　待一会儿：娘子，天还没亮哪？您瞧，这家伙，看看自来水，倒仿佛作了军机大臣，唯恐怕误了上朝！

四嫂　娘子，可别说，他要不是一个心眼儿，要干就真干，为什么单派他看自来水呢？我看哪，他唱玩艺儿吧，嗓子不行了，干别的吧，又没力气，笨重活儿干不了，这个事交给他顶合适啦！

娘子　是呀，无论怎么说吧，他总算有了点儿事由儿做啦，好歹的大伙儿也不再说他是废物点心啦，我的心里总痛快点儿啦！要是夜里他再不闹，不就更好了吗。

四嫂　哪能那么十全十美呢？这就不错！我的那口子不也是那样儿吗？在外边，人家不再喊他丁四啦！都称呼他丁师傅，要不价，就叫他丁头儿，再加上二嘎子，工程队也给介绍到工厂里去啦！明儿个就上工，你看喏，他乐得并不上嘴儿啦；回到家来，他的神气可足了去啦！吹胡子，瞪眼睛的，瞧他那股子劲儿哟！

娘子　可也别说呀，他这路工人可有活儿干呀！静说咱们这一带，到永定门去的大沟，东晓市的大沟，就还够做好几个月的。共产党啊，是真行！（走向大妈）听说：三海、后海、什刹海，连九城的顺城河，都给挖啦！还垒上了石头坝。以后还要挨着班儿的修马路呢。（又走向四嫂）四哥还愁没事儿做吗。二嘎子更有出息啦，进工厂当小工子，还外带着念书，赶明儿要是好好地干，说不定长大了还当厂长呢！

四嫂　（乐得直不起腰来）唉，慢慢地熬着吧，横是离着好日子不远啦！（忽然想起）哟！二嘎子那件小褂儿还没上领子呢！（跑进屋去取活计）

[程疯子从外面唱着走来。

疯子　我的水，甜又美，喝下肚子去不闹鬼。（娘子笑着向大妈耳语，讲说疯子这种得意的心情）我的水，美又甜，（上）一挑儿才卖您五十元。

娘子　（走向疯子）瞧这个疯劲儿！（转向大妈）大妈，您坐着，我进去换衣裳去啦。（下）

四嫂　（出来，找张凳子坐下，缝着衣服）疯哥，你不看着水，干嘛回来啦。

大妈　是呀，好容易找个事儿，别看再去丢了！

疯子　大妈、四嫂，不是今儿个开庆祝大会吗？大家伙儿都叫我去唱一段儿。我说，不行啊，我分不开身哪！大家伙儿说，那没关系，等一开大会，家家儿都去参加，谁还来买水呀。我一想也对。本来呢，咱嗓音不行了，可是，这是情不可却呀。又一想，一个人唱给大家伙儿听，那够多好哇。这我才抓空儿回来编一段词儿。您瞧，到现在我唱点儿什么还没辙呢！

四嫂　数来宝就好。

疯子　数来宝——也对——

大妈　那现在谁替你看着水哪？

疯子　二嘎子给我看着呢！

大妈　他就行啦？

疯子　大妈，现在二嘎子呀，是识文断字，办起事来比我还精明呢！他一五一十，一个子儿的买卖也错不了。可有个机灵劲儿着哪！您不信，一会儿开大会，还准把龙头给锁起来。

四嫂　（笑）瞧瞧你们这一对儿，是怎么配搭的啊！

疯子　四嫂，您可别小看我们爷儿俩，我们爷儿俩甭坐到一块儿，坐到一块儿就讨论问题！

四嫂　就凭你们俩？

疯子　您听着呀，就拿刚才打比吧！我说：嘎子，你看，现在咱们这儿有新沟旧沟两条沟，一前一后夹住了咱们的院子。新沟是暗沟，管子已经都安好，早已完了工，上面还修好了一条平平正正的马路。二嘎子说，那旧沟也哼喳哼喳填好啦，也还修了一条马路哪。我就说，咱们房前房后，这么一来，就有两条马路啦。我问二嘎子，马路已然修好了，该怎么办吧？四嫂子，二嘎子可真聪明啊。他说：该种树！他问我：疯大爷，种什么树？我说：种柳树——垂杨柳——美——呀！二嘎子说：呸！（大笑）

四嫂　（大笑）你看这孩子！

疯子　他说，得种桃树，赶明儿好吃大蜜桃啊！你瞧二嘎子够多聪明！

娘子　（换了新衣服，扣着纽扣走出。笑嘻嘻地）别说啦，你不是还得编词儿了吗？

疯子　来得及，来得及，等我说完这一段儿。四嫂，我跟二嘎子又研究出来了：咱们这儿还得来个公园。二嘎子提议：连金鱼池也改成公园，周围种上树，还有游泳池，再修上几座亭子，够多么好啊！（大家大笑）

娘子　别在这儿做梦啦！

四嫂　可也不都是梦。谁想得到咱们门口儿会有马路，会有干干净净的厕所，会有了自来水？谁敢说咱们这儿就不能有个公园呢！

疯子　（京剧话白的腔调）四嫂言之有理！（笑）大妈、四嫂、娘子，我失陪啦！我先进屋编词儿去啦！（下，大家大笑）

四嫂　也难怪孩子们爱他，他可真婆婆妈妈的，有个趣儿！

娘子　就别夸他了！跟小孩子一样，越夸越发疯！

[丁四夹着一身新蓝布制服，欢欢喜喜地走进来。

丁四　（站在大门口）王大妈、娘子，看新衣服嗨。（她们都围拢

　　　　上去。大妈用手揉搓制服，看质料的好坏。娘子看裤子的长短。四嫂看针脚做得细致不细致）

丁四　（看见了四嫂的新鞋新袜子，把四嫂拉过去）

四嫂　干什么？

丁四　嘿，打下面看哪，还认不出来是你呢！

四嫂　别耍骨头！（提着制服上身）穿上看看长短。

丁四　（穿上）怎么样？

娘子　挺好！挺合身儿！

大妈　就怕呀！一下水得抽一大块！

丁四　大妈，您专会说吉祥话儿！

大妈　不是呀，你们男人要是都会买东西，还要我们女人干什么呢？

四嫂　得啦，管它抽多少呢，反正今儿个先穿个新鲜劲儿！

大妈　这可别怪我说，那可不是过日子的道理！你就该去买布，咱们大家伙儿给他缝缝。那一身儿能当两身儿穿！

丁四　可是大妈，也有您料不到的事儿。刚才呀，卖衣服的一张嘴就要五万五，不打价儿。

娘子　现在做买卖的都是言无二价。

丁四　我把衣裳撂下，跟他聊天儿。嚇，我跟他这么撒开了一吹呀：我说我买这身儿制服是为去开大会的——我修的沟，我能不去参加落成典礼吗？我又一说，怎么大夏季天的，上边晒得流油儿，下边踩着黑泥，旁边儿老沟冒着臭气，苍蝇蚊子落在身上死叮，臭汗一直流到脚底板子上！我还没说完哪，您猜怎么着，他把衣裳往我手里一塞，说：拿走，

　　　　你给五万块！就凭你修臭沟，我认可赔五千！大妈，您想得到这一招儿吗？

大妈　哟，那可真便宜！待会儿我也买一身儿去！

丁四　大妈，您修过沟吗？

大妈　对！我再去修沟就更像样儿啦！不理你们了，简直地说不到一块儿。（往屋里走）

[二春襟前挂着红绸条——联络员，头上也扎着绸条从大门外跑进来。

二春　四哥，还不快去。快集合啦！

丁四　我换上裤子就走！（跑进屋去）

大妈　二春快来试试衣裳（提着花短褂儿给二春穿）

二春　（穿着衣服）妈，今儿个可热闹啦，连市长、市委还来哪！妈，您去不去呀？

《龙须沟》首次演出剧照：丁四叙述自己买新衣服的经过

大妈　不去，我看家！

二春　还是这样儿不是？用不着您看家，待会儿有人民警察来照顾着咱这一条街！去，换上新衣裳去叫市长看看您！

娘子　您就去吧，老太太！龙须沟不会天天有这样的热闹事！

四嫂　您去！我保驾！

大妈　好吧！我去！（走进屋去）

四嫂　（向屋内喊）戴上您那朵小红石榴花儿！

娘子　（向屋内喊）穿上您那件新做的衣裳。

二春　娘子、四嫂，得预备一下呀！待一会儿还有报馆的人来访问咱，也许给咱们照相呢！

大妈　（从屋里探出半身来，扶着门框，惊异地）什么？还照相？！

四嫂　啊——（大妈听听她们说话，便缩回去）

二春　（继续）娘子，人家要问你对修沟有什么感想，你说什么？

娘子　什么叫感想啊？

大妈　（又探头出来）你别赶碌她啦！越赶碌她就越想不起来啦。

二春　感想啊，就是有什么想头儿。

[丁四从屋里跑出来。

丁四　会场上见啦！（高兴地唱着——《解放区的天》——走出大门）

娘子　这么说行不行？——修沟啊，连我的疯爷儿们都有了事做啦！我感激新政府！

二春　行，你呢，四嫂？

四嫂　要问我呀，我就说：政府要老这么做事呀，龙须沟就快成了大公园啦！

二春　别看四嫂，还真能说两句儿呢，妈！妈！

大妈　别催我！（走出来）这样行了吧？（指指自己的衣服）

二春　（端详妈妈）行啦！人家要问您，您说什么呀？

大妈　我——

二春　说什么呀？

大妈　沟修好了，我可以接姑奶奶回娘家啦！（大家哈哈笑）
[远处传来腰鼓声。

二春　就这一句呀？

大妈　见了生人，我说不出话来。（突然想起）二春我可不照相，照一回丢一回魂儿！

二春　妈，您可真会出故典儿！

娘子　我替您，我不怕丢魂儿；把我照了去，也叫各处的人见识见识，北京城里有个程娘子！哟，我又有了个主意啦，咱们大伙儿应当凑点儿钱，立一块碑，刻上："以前这儿是臭沟，人民政府把它修成了大道！"
[腰鼓声渐近。

二春　这可是好意见，我得告诉赵大爷。咱们得凑钱立这块碑！

四嫂　对，也教后代子孙知道知道。要凑钱，我也捐几斤小米！
[腰鼓声更近。

二春　腰鼓队都来了！快开会了，咱们走吧！
[二嘎子举着小红旗子，飞跑而来。

二嘎　赵队长爷爷到！摆队相迎！我先去啦！（又飞跑而去）
[赵大爷穿着新衣服，胸前佩着红绸条，昂然走进来。

二春　瞧赵大爷哟，简直像个总指挥！

赵老　（笑）小丫头片子！（看见大妈，走过去）哟，大妈，您今儿个怎么了啦，也要去开会啦？

大妈　喜事儿嘛！

二春　赵大爷，您可得预备好了哟，新闻记者一定会访问您！

赵老　还用您嘱咐我，前三天我就预备好喽！

二春　好。那我当记者，（模拟）您对修沟有什么感想？

赵老　简单地说，还是详细地说？

二春　（模拟）请简单地说吧。

赵老　这叫作五福临门！

二春　（模拟）哪五福呢？

赵老　我们的门前修了暗沟，院后填平了明沟，一福。前前后后都修了大马路，二福。我们有了自来水，三福。将来这里成了手工业区，大家有活儿干，有饭吃，四福。赶明儿金鱼池再改为公园，做完了活儿还有个散逛散逛的地方，五福。

二春
四嫂　（与赵同时）五福！
娘子

[附近的街坊邻居，都像院里的人一样，换了新衣服，举着小旗子，由人民警察甲（即刘同志）领着去开会，正经过大门口外。人民警察甲跑进门来，招呼大家。群众有的等在大门口外，也有的走进院子来。

民警　开会去喽，快到时候啦。

[大妈反身要去锁自己的房门，四嫂、娘子赶过去拦住大

妈，正拉着她要往外走，疯子忽然从屋子里跑出，手里拿着竹板。]

疯子 诸位别忙，先等等……我这词儿已经给编出来了，先给你们唱个试试——

群众 唱，唱……

疯子 听着啊——给诸位，道大喜，人民政府了不起！了不起，修臭沟，上手先给咱们穷人修。请诸位，想周全，东单、西四、鼓楼前，还有那，先农坛、五坛、八庙、颐和园。要讲修，都得修，为什么先管龙须沟？都只为，这儿穷，这儿臭！政府看着心里真难受！好政府！爱穷人，叫咱们干干净净大翻身。修了沟，又修路，好叫咱们挺着腰板儿迈大步。迈大步，心欢喜，劳动人民抖精神。多生产，多做工，日子过得一天比一天行。我疯子，左也盼，右也盼，盼到今儿个总算没盼空。这才叫，沟不臭，水又清，国泰民安享太平！

群众 （随着疯子喊）国泰安民享太平！

[外边，远处近处都是一片欢呼声："毛主席万岁！"

（大家随着欢呼声音，涌出小院。外边会场上的军乐声起，幕在《新民主主义进行曲》声中徐徐落。）

焦菊隐与《龙须沟》

《龙须沟》首次演出剧照：程疯子给大伙儿表演自己新编的数来宝

1951年《龙须沟》首次演出本

焦菊隐与《龙须沟》

> 《龙须沟》仿佛是一座嶙峋的粗线条的山,粗枝大叶地去看,没有生活经验地去看,外表上是一无所有的。然而,这里边可全是金矿。这一次我们懂得挖掘了,所以才发现了宝藏。
>
> ——焦菊隐

焦菊隐与《龙须沟》

我怎样导演《龙须沟》

一、强调剧本的思想性

剧作家的作品，是一度创造；导演的工作，是二度创造。剧作家用以创造活生生人物和现实题材的工具，是文字。文字能用三言两语，一两笔就勾抹出形象来，这形象就会唤起读者的想象力，在读者的想象里出现，使读者产生思想上的与情感上的共鸣。导演在舞台上"重现"原剧本这些形象的时候，他的工具，不是文字，却是有机的人体和无机的声、光、颜色，以及点、线、面、体积与节奏气氛等等。导演不能叫观众用想象力去看见人物和生活，必须叫观众的眼睛、耳朵，看见听见这些人物。因此，导演要想把原剧本的主题、题材、人物，通过舞台上（比写成或印成的剧本中）更具体的形象，传达给观众，他的方法是不同的。换一句话说，他就必须重新创造一次。而且这二度的创造，又必须收到和原剧本所能给予读者的教育效果一模一样，甚至还得更生动。因此，导演的工作并不是模拟，也不是照抄，而必须是富有创造性的工作。

然而，导演的创造性，并不是漫无目的地发展的。导演的创造过程，必须和原剧作者的创造过程结合，他得深深体会原剧本的精神、思想、情感、风格，掌握住原剧作者创造人物的"内在动力"，从而以同样的思想情感，同样的"内在创造动力"，去处理剧本。导演的基本责任，是要做到实现原剧本作者的意图，刻画出原剧作者"灵魂的眼睛"里所看到的人物（这些人物，原剧作者写出来的并不一定完全是他"灵魂的眼睛"里所看到的）。导演进一步的责任，是发扬作者的思想和情感。原剧作者的思想与情感，必须活在导演心里边而成为导演自己的，原剧本的主题、生活、人物，必须成为导演内心所迫切地要求创造出来的，要求发挥出来的，舞台上的戏剧才能成为现实的、富有感染力的、活生生的；否则那只是化妆朗诵剧本。甚至，在导演卖弄架空的技巧下，原剧本的主题会被歪曲，原剧本的人物会被损害。

为了使舞台上的生活与人物，不是剧本的化妆朗诵，而同时导演二度创造的工具和剧作家的创造工具又那么大不相同，导演首先就必须寻求把剧作家通过文字所能给予读者，而通过舞台条件却不能给予观众的思想与情感，运用种种方法，在舞台上出色地表现出来。因此，有的时候他就必须修改原剧本，例如场子、结构和上下场的次序，原剧本的对话，原剧本里所指定的动作……总之，无论是增加些什么，减掉些什么，却只准遵守一个原则，趋向一个目的：要求充分表现并实现原剧本的意图，从而丰富它，发扬光大它。一切无助于原剧作的、题外的、琐碎庸俗的、非原则性的乃至损伤原剧本精神的处理，都是一个负责而又有文艺创作修养的导演所切切禁忌的。

　　导演的创造性，还不能仅仅局限在这个狭小的、基本的范围中。导演不但应该把自己的"内在创造动力"与剧作家的合而为一，不但要发挥这样的创造性，比这更重要的，还必须和他所要处理的，所要二度创造出来的人物的生活、思想、情感，结合在一起。他应当活在他所要二度创造的人物里。每一个演员只需活在一个人物（角色）里边，而导演却需要活在全剧的全部人物里边，整个那个生活里边。导演应该是这些人物中间的一个，过着和他们一样的日子，有和他们一样的思想，有和他们一样的情感，和他们一样地遭遇着各种环境而起着同样内在与外在的反应，和他们一起受痛苦或者享幸福，一起哭或者一起笑。导演不是一个客观的技术的执行者，而是这一片生活里的人物的一个，他想那样动，想那样说，他更熟悉那一群人物都会怎样动，怎样说。唯有这样，导演所处理的人物，才能真实地活起来；导演所处理的、所创造出来的舞台剧，才是现实的生活而不是戏；在他指导下的演员，才能在舞台上变成活生生的人物。

　　怎样才能做这样一个导演呢？问题首先不在他的技术的高低，不在他的艺术修养深浅（并不是否认他的文艺修养，只是这并不居于第一位）；先从这些方面去追求作为一个好导演的源泉是徒然的。导演应当首先企图提高自己成为一个思想家，要努力学习马列主义和毛泽东思想。导演的政治认识必须是正确的，他的立场必须是工人阶级的，态度必须是为广大人民服务的，思想方法必须是科学的，他的理论必须与实践紧紧结合，才能够对一切事物发生正确的看法与丰富的感情，才能够使自己和剧中人物打成一片，才能够指导演员们真正地生活在角色里，也才能够牢牢地掌握住原剧本的主题，从而把这个主题发扬光大。

导演和演员的责任，是要在艺术创作中坚持无产阶级的党性原则，把思想性与艺术性高度结合的作品展示在舞台上，以使文艺作家的作品能和更广大的群众见面。这是一个光荣的任务。在新中国目前的文艺界，尤其是在剧本的创作还没有走入高潮的现阶段，这一个光荣的任务就更为迫切，意义更为重大。

我们有思想性与艺术性高度结合的剧本，也有思想性或艺术性各有瑕疵的剧本。坦白地承认，后者毋宁说是多一些。假如我们对于剧本的创作，每一发现小有瑕疵即付之扬弃，只空望好的剧本，坐待文艺高潮的自天而降，那是脱离实际的想法。因此，在目前，导演的任务就更加重要了。导演如果能够努力学习，深刻理解坚持无产阶级党性原则之重要，那么，在处理思想性与艺术性高度结合的戏剧作品的时候，他会把剧本在舞台上发扬得更加光芒四射，即或思想性有些薄弱或者艺术性有些欠缺的作品，也能够通过这样一个导演的弥补，有机会和更广大的群众见面，使导演和剧作者集体的创造，能大大收到教育的效果。目前的实例很多，就不必举了。至少，这是"剧本荒"问题的具体而有实效的解决途径之一。

导演如果把自己的思想水平提高，坚定了自己的阶级立场，明确了自己为人民服务的态度，则在与作家的"内在创造动力"交流在一起，与剧中人物打成一片，与演员们联合创造的时候，就不会受剧作者和演员的思想水平的局限。他必然能够突破那些局限，使主题能更明显，使人物在思想与情感上能更丰富起来，能更生活化起来，能更现实化起来。因此，新现实主义的导演，在二度创造过程中要求更动删改原剧本的时候，在指导演员的时候，他的出发点都不是纯技术的，而是有一个最高的原则做根据的。

老舍先生的剧本《龙须沟》，是一个思想性与艺术性高度结合的作品，很严格地要求导演者首先从思想水平上去提高自己，然后再去考虑如何处理它。这又是一个格调很高的作品，没有庸俗的套数，没有冗长的描写，没有口号式的对话，没有神出鬼没的布局——所有的，只是一片生活，一群活生生的人物和现实人物的内心思想与情感。这，又要求导演者学习生活，从生活的深度的认识上去掌握劳动人民的优良品质和他们在不同的政治环境中的思想与情感。老舍先生因为熟悉这些劳动人民，热爱他们，尊敬他们，并且热爱人民政府，热爱中国共产党，所以他这种政治热情才和艺术结合而写成这样一首颂歌。在我个人，作为一个导演，也和作者的政治热情是一致的，也和作者同样地熟悉这些劳动人民。特别是我从小就成长在各式各样的劳动人民堆里，所以我不但在热爱与尊敬的心情上能和作者打成一片，而且我的思想与情感，和这些劳动人民不可分割。因此，我在处理剧本的时候，虽然"台本"和老舍先生的原作有许多完全不一样的地方，但那并不完全是为了去适应舞台技术条件，而主要地却是为了要符合老舍先生的要求，为了要符合我自己的生活经验中的要求，为了符合老舍先生和我的一致的"内在创造力"里所渴望使之活起来的人物与人物的思想情感的要求。我、作家、人物三位一体，打成一片，这恐怕就是新现实主义导演的创造力的主导源泉。

老舍先生夸奖我说,导演没有改动他所创造出来的人物性格,我觉得很光荣。这也正说明了导演必须怎样地热爱一个作家,尊重一个作家,并且怎样像作家一样热爱那些劳动人民,尊敬那些劳动人民,而且,进一步还要和劳动人民的思想情感结合一致,才能在"裁东补西"以适应舞台条件的工作中,不致迷失了作家所指出的基本方向,不致歪曲了主题,不致损害了人物。

老舍先生以鬼斧神工的手笔,只用三言两语,就能把一个人物的性格和他的思想与情感刻画得生动。他谦虚地说他不太熟悉舞台技术。事实上,从我个人的认识上讲,作为一个作家,并不一定非得熟悉舞台技术不可。一切技术与艺术的法则和规律,都是蜕化于生活与自然的辩证规律的;脱离生活与自然的辩证规律,而去另外用人工矫造出的一切艺术法则,都是不真实的,因之也就是破坏真实的。作家如果紧紧把住一套或几套舞台技术不肯放手,那必然会限制了创造,使创造僵化。一切事物的发展过程,都是先有了内容,有了生命,有了内在动力及发展,才在它动与发展的现象上产生出规律。或者说,事物的发展现象是有规律的,但这些规律是决定于内在的动力在发展进程中与必然的矛盾力相冲撞而成的,事物绝不是为了规律才发展。因此,有内容、有思想、有生命、有发展力的创造,它本身自然会表现出规律来,这规律是它自己的、独特的、有生命的、合于唯物辩证法则的,不是用任何别的戏上的技术规律去刻板地定型地所能表达的。一个戏有一个戏的"戏格",所以就得用专门适合于它的技术去处理它,这就是新现实主义的技术。有许多作家在剧本的创造上,过多地、有意识地运用上一些演剧规律,剧本在默默中要求导演遵循他所指定的那一套定型的、不一定能适用于他的剧本的技术规律去处理它，而结果呢，规律的形骸也许被完成了，而戏剧的生命却被窒息了。戈登·克雷要求作家少写"舞台说明"，斯坦尼斯拉夫斯基要求我们学习生活，钻研剧本和通过台词所表现出来的人物内在的思想与情感。这些年来，都是这两位大师教育了我如何去体会一个作家，如何去对待一个剧本。因此，这说明了我为什么在个人的爱好上，偏爱老舍先生这一类清爽、明朗、简朴、有劲儿、不啰唆、不废话、很像出自于劳动人民自己口里或自己笔下的作品。这也说明了我为什么一向热爱契诃夫、高尔基、夏衍的剧本，更说明了我为什么如此热爱老舍先生的《龙须沟》，以致掉到他的"内在创造力"中而且和他合而为一。

然而，这一类的剧本，光掉进去浮着是不行的。得要继续发掘，继续往下钻，你会越钻得深，就越有发现。钻得深不深，却需要看一个导演在生活里钻得深不深、广不广了。一个导演之必须学习生活，从这里可以证明是正确的。《龙须沟》仿佛是一座嶙峋的粗线条的山，粗枝大叶地去看，没有生活经验地去看，外表上是一无所有的。然而，这里边可全是金矿。这一次我们懂得挖掘了，所以才发现了宝藏。——我，和所有的演职员，不但是在思想上，而且在艺术的认识上，都因为这次的挖掘而大大提高了一步！

可惜，我们只刚刚挖到宝藏的苗儿，还没有挖到原剧本的本质上最光彩的部分，所以没有把原剧本给发扬尽致；这是我个人应当向老舍先生抱歉的，也是我自己在检讨后要求今后要作更多学习的。

二、强调演员的创造性

　　导演的职责，并不是机械地规定演员在舞台上的动作和部位，以及安排"舞台画面"——如果只为了这些，那么，不用导演而由演员们自己处理也许没有任何分别。不是的，远不是的。他有比指导抬手、动脚、说话、表情、走路……远更重要的责任；而戏剧演出上的舞台画面，人物的动作与语言、气氛与节奏等等，都是他完成了这个远更重要的任务的结果。导演的这个重要任务是：诱导演员去生活成为他所扮演的人物。他要用分析、讲解、启发，从生活中举出实例，引导演员进入生活的学习，肯定某些事情，否定某些事情，去叫演员的思想与情感和他所扮演的人物逐渐地合为一体，而消失了演员的自我，在舞台上成为活生生的人物；去叫剧本里的台词，成为演员自己从心里所要说的话；去叫人物的行动，成为演员自己从心里就有个欲望想那样做。

　　导演的任务，因此，主要的是发挥演员们的创造性。"创造"是反经验主义反教条主义的实际而具体的行动。它的范围很广：从思想认识与实际行动的结合，到政治性与艺术性的结合，到艺术理论与艺术实践的结合。我们的联合创造，是反经验主义反形式主义的，是一种有机的、向上发展的创造；而作为这个艺术创造的指南的，是马列主义、毛泽东思想。因此，我们首先要求一种实践——至少，每个演员都必须在人物创造的过程中，把有意识地或无意识地所残余着的"小资产阶级知识分子"的萌芽，一根根地无情地拔去。拔根是一件不容易的工作，但是在这出戏里就非拔不可，而且还得拔净。演员们在这个工作上做得成绩最大——所以他们的表演才能显得那么生活化（是劳动人民的生活，而不是小资产阶级知识分子扮演下的劳动人民生活）。这一方面，演员因为努力而获得了巨大的成就，这成就绝不是表演技术上的（我得坦白地承认，演员的表演技术上所存在着的若干严重的问题，还没有好好地解决），而是思想上的，是认识与实践的结合。演员们（包括群众演员）在这方面的创造，使演出增添了炫目的光彩，因而给导演带来了他个人所不应享受的赞誉，这荣誉应该属于演员；我向演员们致敬！

然而，这一个创造性的工作，在过程上不是没有经过斗争的。小资产阶级知识分子的残余往往偷偷冒出来。首先，导演坚持要求演员扮演的每一个劳动人民，都得被人同情，而不能成为小丑或讨厌的角色。在这一方面，导演是始终坚持的。因此，哪怕是一句台词、一个词语、一种动作、一声语气，他也常常不肯放松。其次，在体验生活里，有个别的演员以"参观者""调查者"的心情去"搜集材料"。经过启发，大家终于把这个态度和方法矫正过来，争取和劳动人民打成一片，有的和劳动人民交了朋友，有的和他们一同生活，有的帮着他们工作，总之，都能做到了钻进劳动人民的环境和集体里去，使自己成了劳动人民中间的一个。于是，演员们的创造源泉，大大打开。后来，在想象角色自传的时候，又有不少的演员，把自己所要扮演的人物，设想是从"好日子"里降落成为劳动人民的；他们忽略了中国社会的长期封建性，忽略了中国近百年来的半殖民地半封建性和官僚资本主义的残酷性。这一个萌芽又被根除了。再比如，后来在排演的过程中，又发现不少动作和语气上的小资产阶级的意味，比如说话声音之力图悦耳（其实不一定是悦耳，而只是长期习惯了的矫造），或者说话中间拖着小资产阶级知识分子式的尾巴（比如，三幕一场，有一个工人提意见，可是等到大家听他发言的时候，他又拖出一个长音"我说——哼……"，来表示他还没有想周全。对于这一点，我们向演员提出了以下的意见：小资产阶级的知识分子，个人英雄主义思想浓厚，因此，他在开会时必然争取发言权，可是等他把发言权抓到自己手里，他的思想还没有具体呢，于是他才用"哼……"这一类的声音来做掩饰。劳动人民和工人就不然了；有话就说，无话不张嘴）。诸如此类的毛病，凡是足以窒息演员们创造劳动人民角色的源泉的，都经过长期地、不厌其烦地、无微不至地斗争和拔除。

在舞台表演技术上，导演也一贯地坚持着反经验主义、反教条主义的原则——反形式主义、程式主义。首先是对于"排演"本质的认识。有些演员没有认识到，从体验生活到上演的进行，是一串不可分割的、向上发展的整个创造过程，特别是排戏也还是一个从体验生活到创造角色的过程。因此，有不少的演员要求导演在戏一开排的时候就把舞台"地位"、姿势动作、词的读法等等，甚至于人物的性格，都给肯定地规定出来。这就是艺术思想上的形式主义和程式主义。演员在排演以前的体验生活和"进入角色"，只是一个准备工作。他所要扮演的人物的"心象"还没有发育成形。他即或在天桥、臭沟沿儿体验过生活，可是还没有在《龙须沟》剧本的"规定情境"里，和剧本所创造的这一群人物生活当中体验过生活呢。有些演员，因为艺术思想上还受着形式主义的桎梏，就显得很焦急。而我呢，作为一个学习新现实主义导演的学生，就肯定地坚持自己的方法，在排演初期，绝不指定一切，却尽量要求演员依靠他们自己的内心活动，在"规定情境"里，尽量叫外在的身体去"活动"，不去给他们规定"地位"，不找舞台画面，不肯定甚至不纠正其台词的读法与小动作。这是为了什么呢？因为：演员唯有因思想的活动而发出外在动作，才会带来情绪，唯有对"规定情境"和其他人物有了内心的反应，他的情绪才能把握得确切，而确切的情绪才能翻过来又修正他的思想，他所扮演的人物也才能在他内心发育健全，演员的内心与形体的活动，也才能逐渐蜕化成为人物的，演员的台词也才能蜕化成为人物的。最初，若干演员不习惯于这种方法，然而，第一幕排过去之后，倘若再去试用旧式的导演方法，演员们便坚决地拒绝了。

我个人的方法，是先要求演员们尽量"放"的，要求演员们尽量自由地活动。这很违反一向导演的习惯——许多导演认为这很危险，有的怕演员从此夸张，有的怕演员们更犯形式主义的毛病。然而，效果恰恰相反。你越是从一开始就约束他，越是抽象地要求他不犯形式主义，他便越矜持，越不敢动。结果呢，不但形式主义的毛病不能根除，而且连他所仅有的一点最真实最现实的动作与感情，也都会因为你的干涉和他的矜持而变成形式的了。要求演员放开来做是有好处的。首先，这可以叫他把他的形式主义的东西，全部展览出来，免得到正式上演的时候它们必然作祟（凡是不用这种方法根除的形式主义，无论在排演时怎样潜伏，一到演出的时候，准定会全部出现）。其次，演员即或有一百种形式主义的东西，至少也有一分一厘的真实的东西吧？好啦，导演的责任，不是先去指责、干涉这一百种形式，而是要先去表扬这一分一厘的真实。演员掌握住这一点点的真实，就会得到启发，进而创造出更多的真实来；这样，演员自己的"真实感"与"信念"，便断断续续地形成了：再经过导演有计划、有步骤、耐心地去纠正他那些形式主义，形式主义自会陆陆续续地消除，最后，这个"真实的感觉"就会自然地连成一条"不断的线"。不但如此，他这样的"真实感"里，必然会像斯坦尼斯拉夫斯基所说的，"真实感包括着认识'不真实'的感觉"，他就不会再受形式主义的侵袭，因为，可能侵袭他的形式主义，早在他自己身上暴露无遗过，也一一有意识地克服过，所以他认识它们，不会再受它们的愚弄。

我们对于演员的动作，从来不指出他哪一个不对，却是在可能的情形下，肯定哪一个对。对于那些形式主义的，或者不符合于性格的以及缺乏心理活动支持的动作，我们也总是启发演员去寻找内心的根据——要他自己问：是什么思想与情感支配这种活动？当他把"内在动机"掌握对了的时候，他的动作自然就改变了。

在舞台部位和画面上，导演也用同一个原则性的方法。导演所规定的部位画面，为什么是这样而不是那样的呢？答案很简单，部位是人物的外在行动的结果，行动是人物内心活动的结果。假如一个导演所规定的部位，是根据他（导演本人）深深生活于那个角色而决定的，那么，不去规定部位而先去帮助他的演员也和他一样深地生活在那个角色里，不是更好吗？那，他不是不待导演指定，自然就会走到导演所要他走去的那个部位了吗？假如他所走过去的部位，事实上证明他是比导演更能深入体会角色的话，那你又为什么不接受他的部位而还坚持自己的主观的、不现实的、形式的规定呢？简而言之，在我个人的认识，舞台部位和动作姿势一样，应该是生活的必然现象，而不是形式，更不是预先指定的形式。有人说，指定舞台部位的目的，是为了构成艺术性的舞台画面和强调某些主要的角色。这是机械论。我前边提过，艺术的法则和规律，没有一样不是产生于生活法则和自然规律的。比如说，我们在舞台上往往用红颜色来表现兴奋、快乐和热情。因为什么呢？只因为在生活经验里，火给我们兴奋、快乐和热力。"红"本身没有这个力量，给我们这个感觉的，是和"红"结合在一起的那些火热、兴奋的情绪的记忆。画面也是一样的道理。什么叫美的画面？和自然界的画面相同或类似的就是。自然界里的画面乃是它本身运行中所产生的有规律的现象，它没有定型，没有一定的套数，而且是千变万化、彼此毫不相同的，更远非有数量的"舞台画面"套子所能"套"得完的。舞台画面和自然的现象一样，是动的，是生活发展过程中的现象，是有内在力量的，是千变万化的。凡是静止的、无发展的、没有内在动力的画面，都绝对是死的，而且，马上也就不成其为画面。名画家的章法，也是从这连续不断地发展中的画面里，所摘取的一个正在活动的镜头，这个镜头必然能活跃地显示出刚刚过去的一刹那的活动力，现在正存在着的一种活动力，和马上就要变成的一种活动力。我们为什么欣赏徐悲鸿先生的马，欣赏齐白石先生的螃蟹和小鸡呢？其理由不也正因为他们的画面里有这种活动力吗？因此，从活生生的生活所自然显现出来的规律的现象，只要它有活动力，自然就是生动的画面；而从活动的生活里所突出来的人物与语言，也自然就是强调的人物与语言。这远不是机械论者的技术所能表现的。

然而，舞台动作与画面，也不因此就必须是自然主义的。我们反对艺术上的自然主义，因为自然主义没有意志，没有重心，没有发展方向。艺术是生活的提炼。所以，在舞台动作与画面上，我们要求它们出现于内在的活动力（这是自然现象，而非艺术），可是最后再加以提炼和润饰（这是艺术）。这也就是斯坦尼斯拉夫斯基在《演员自我修养》第二部里所论到的"控制与润饰"，也就是大美术家勃留罗夫所说的："艺术的开始，在于一两笔的润饰。"

以上举出的，不过是许多例子中的一两个。举出的目的，是为说明我是怎样用种种方法来启发、发挥、发展演员们的创造性的。没有演员的创造，戏是演不成的；没有导演和演员的联合创造，演员的创造是容易流入形式主义的；而导演的创造力不死于演员的创造力中而又复生，则一出戏的上演，就只会看出导演斧削刀切的痕迹，生活和人物便会成为僵尸了。

三、强调创造的集体性

不但导演的创造和演员的创造不可分割、演员的创造和全剧人物不可分割，表演里边不但有导演的创造，而且也应该有所有舞台工作者的创造。演剧原是一个集体的艺术创造工作，不是某一个人的力量所能完成的。所以，在导演《龙须沟》的时候，这个"众力始能成城"的集体精神，是始终在强调着的。

导演固然给了演员们种种启发，然而演员也给了导演许多启发。我们首先告诉演员，导演是和演员共同在体验、在摸索、在创造中的。当演员在某一方面某一点上创造得比导演更快些更成熟些，导演便接受下来，弥补自己的不足；有时启发了他更多的东西，因而进一步更能启发演员。在我的排演方法中，不但有若干地位与舞台画面是演员自己走出来的，而且有若干富于内心支持力的形象，也是演员所创造出来的，甚至有若干台词也是演员基于他内心正确发展了的而又被导演肯定了的思想情感所修正了的。所以演员的台词才不是背书而是由衷的。虽然个别的句子孤立地听来似乎还有生硬的地方，但这些只是没有来得及经过润饰的地方，大体上讲，都是有情绪的，因此即或有些小毛病也就不太明显了。

　　演员们知道如何互相提供意见，也勇于接受意见，但是这些意见也都是集中了向导演取得一致的认识的。演员们也勇于向导演提意见，导演也勇于接受演员的成熟的意见，但是，也勇于坚持自己的正确的意见。这是批评与自我批评的另一种形式（通过艺术工作的合作形式）所高度发挥了的。唯其如此，排演才能始终在愉快的心情下进行着；也唯其愉快，才能逐步提高了集体创造情绪和成就；而每一次每一步的成就，就又增加了演员们像怀胎那样又惊又怕又喜的心情。

　　在演员的创造方法上，最初自然大部分存在着不少的形式主义；在他们艺术思想上也多少有人存在着程式主义。举两个例子来说：第一，有些人在创造的认识上，否定了人物的复杂性与具体性，因此总是往单纯的片面的方向上去创造人物。结果呢，片面化单纯化了的人物失了人性，而概念化的创造的结果，便是一般化，失了典型。人物的概念化，又使演员们专门从人物的情感入手去创造人物，这种没有根据的情感，势必是一般化的情感，或者是演员个人的主观的概念，结果呢，人物就更概念化。所以，人物的创造，要从人物的思想性入手，要从人物的复杂的思想与对于事物的复杂反应入手。随着复杂的思想与反应来的，是情感和意志（和意志支配下的欲望）。有了思想便产生意志，有了意志便产生行动，随着行动而来的是情感和更多的意志，接着便产生新的行动，新行动又引起更浓厚的新情感和新意志，如此互相刺激不已而诞生活生生的人物。

然而孤立地完成这个工作是不可能的。必须在"规定情境"里和其人物一起去"生活"，才能把正确的、内在的与外在的"不断的线"造成。因此，排演便成为集体体验生活和创造角色的一个重要阶段。我们强调人物的复杂性，坚持反对演员以"强""弱""善良""保守"这些片面而又抽象的名词去理解角色。我们又强调创造的集体性——使演员明了排演不是在"表演"而是"在生活中""在创造中"，要在人物互相交流，人物与环境互相交流中、摸索中，互相启发、互相协助。

第二个例子。有些演员急切地想一下子就完成一个目的，小自表演上的"单位与目的"，大至人物的典型，都想一步就做完，这是不可能的。人物的形成，是斑斑点点的，一只眼、一个脉搏……这样来的，而且是忽隐忽现的。而人物的目的的完成也是有过程的，也不是单纯的、直接的。我们对于这种反唯物辩证的艺术思想，下过集体的功夫，作过不少的斗争。由于小组讨论和集体批评，收获很大。清除形式主义苗头的工作很经常，而且是群众性的、集体性的。这是创造工作上的基本工作，强调了这个工作的集体性，对于新现实主义的演剧，有无限的好处。我们这次的演出，幸而摆脱了大部分的形式主义，应该首先归功于演员们创造的集体性。

导演首先对演"群众"的演员提出"群众"在演出上的重要性：即使是一个站在阴暗角落而且没有一句台词的"群众"演员，他（或者她）也能给演出增添生命力，同时也能破坏演出的生命。"群众"是有个性的（阶级性），演"群众"的每一个演员必须先感染这个大的个性；而他所扮的人物又各自有其个性（阶层性与个人性格）。反过来说，群众里每一个人物，都应该有个性，个性应该相互交流。这一点，除去集体创造，还能有另外的办法吗？"群众"演员们充分了解了这一点，兴奋地愉快地去体验生活，分析自己的角色，创造自己的性格。导演的工作，只剩下组织了：把群众演员分成若干小组，然后再做联系工作。当然，导演在处理群众场面的时候，所用的并不是单纯的技术，而是他"自己的思想与情感也深入群众中"，他"自己也感染了群众生活之脉搏"。导演有了这种感染，才能启发台上的群众活起来；台上的群众有了这种感染，才能叫台下的群众的情感和台上的群众情感打成一片。《龙须沟》群众场面之没有僵化，证明是演员们创造之有集体性的成就。群众演员们在这一方面给演出上增添了无限的光芒，给演员们艺术思想上解除了包袱，给工农兵的戏剧的群众表演方法，开了一条路子，这是我们应该郑重表扬的。

群众以外的演员（普通称为"主要演员"），也切实地做到了这一点：他们没有一点是突出的，没有一个人在思想上与艺术认识上存在着包揪，都在努力于集体地创造导演所要求的演出整体，使观众觉得这是一片生活，一群劳动人民，从而看到了一切劳动人民的优良品质。

许多戏剧工作者（包括个别的导演）忽视了舞台工作人员的重要性，没有认清舞台工作人员也是一出戏里的演员（不上台的演员），因而低估了他们在集体创造上的作用。舞台工作人员一定要和导演、演员一样的投入集体的工作过程中，一出戏的上演才能完整。没有布景、灯光、音响效果、道具、服装，乃至事务组织者的剧务，这出戏还能想象吗？演员们所创造的角色，还能会是完整的吗？这是我们为什么一方面要求舞台工作各部门的同志尽量发挥他们的创造性，而另一方面也要求他们参加集体的创造（从体验生活到演出）的原因；这也是为什么我们坚持布景、道具、服装，必须在排演的后半期完成应用，效果、灯光，必须参加排演，而最后，又为什么坚持非有那么多次的"彩排"不可的原因。

实际上，我们的舞台工作者确是忠实地、胜任地完成了他们的任务。他们发挥了高度的创造性，才能使得这出戏在演出上，无论是布景、灯光、效果、道具、服装和化妆，都成了全剧不能分割的部分，都和台上的生活打成了一片，交织成了生活的节奏。——这是因为他们从参加集体性的创造的实际行动上，进一步了解了什么叫作演出的"整体"。

在集体地创造出一个整体的舞台戏剧的工作上，助理导演的努力与贡献部分是不可抹杀的。他们作为一个桥梁，联系着导演与演员,传达导演的意图,反映演员的意见,帮助导演组织,发现问题,解决问题,提供意见。他们的努力与我个人的工作是无法分割的。

1951 年

焦菊隐与《龙须沟》副导演金犁(左)、凌琯如(右)

焦菊隐与《龙须沟》

导演的艺术创造

一、怎样认识文学剧本

1950 年 8 月,当我受北京人民艺术剧院之约,和老舍先生亲自嘱托,开始准备导演《龙须沟》的时候,就把这个剧本,反复熟读了若干遍。这个剧本的格调很高,没有巧妙的布局,没有庸俗的套数,没有冗长的描写,没有生硬和口号式的对话——有的,只是一片北京劳动人民的生活,一群活生生的劳动人民和他们的思想与情感;性格刻画得那么生动而真实,语言写得那么地道而洗练。我一向偏爱契诃夫、高尔基和夏衍等作家的剧本,因为他们的作品都是那么简朴、厚实、清爽、明朗;而通过这种简单朴实的风格所表现出来的,却又是那么现实的生活,那么透彻的真理和那么明确的道路。因此,我也很爱这本《龙须沟》。

在我研究如何导演《龙须沟》的一开始,也有一些忠于人民戏剧艺术的朋友,善意地提出过他们的顾虑。他们觉得这里所描写的人物,读起来虽是那么生动,对话虽是那么流利而富有地方色彩，而由于故事没有曲折，缺乏所谓"戏剧性"，又由于人物没有明确的历史背景，人物之间缺少明确的关系，总之，由于完全摆脱了传统的编剧方法，在舞台上演起来恐怕就很难了；导演起来恐怕更有困难。如果导演处理不好，很可能演成一出活报剧。老舍先生自己也曾一再问我说："焦先生，你看这还能成吗？这还能像一出戏吗？"这话固然是老舍先生的谦虚，可是当时有不少的戏剧工作者为这出戏的演出担忧，也确是不可讳言的事实。认为《龙须沟》是个极难演得讨好的剧本，也几乎是普遍的意见。在我个人呢，也许是由于曾经一度结合着斯坦尼斯拉夫斯基与丹钦科的理论，学习过契诃夫剧本，总觉得有一种恰恰不相同的看法。我，和所有斯坦尼斯拉夫斯基的学生一样，认为对待一个提炼和集中地表现现实生活的剧本，应该用对待现实生活同样的方法，去首先认识它的本质：我们不应当只去看它外在的现象，而应当通过这些现象去追寻它内部的生命；我们不应当只表面地看见一个剧本的结构平淡，故事片断，布局没有曲折，甚至只有几个人物而没有什么布局，便认为这在舞台上就表现不出主题，表现不出生活和在发展中的生活来。我们特别不应当只去寻求剧本故事表面上的纯逻辑的发展，而应当先去寻求支配着这些表面上互不联系的故事的那个不平衡地发展着的原动力，和这种内在动力的发展是具有怎样的发展规律。从编剧和导演的艺术思想上讲，我们应当打破旧的写实主义的单纯技术观念。必须认识：一切技术法则与艺术创造的规律，完全蜕化于生活的与自然界的辩证规律。譬如，我们总是用红色来象征热、热情、壮烈，等等；并不是红色本身有这种力量，而是因为人类在生活和斗争经验中，在自然界的现象中,从太阳、从火、从流血里,感觉到一定的内心经验,所以,每当红色在一种艺术品里再现的时候,便会引起我们的回忆与联想,引起我们同样或相似的内心经验,因而产生一定的思想与情感。这个艺术品的力量并不是红色,而是它通过红色所表现出来的内在生命力。假如我们不能在这种艺术品上充分地表现出它的内在力量的话,虽然全部都用了红色,也不会引起我们思想与情感上的共鸣,也依然只是一个有躯壳而没有生命的东西。所以说,一切脱离生活与自然的辩证规律,而另外用人工矫造的技术法则所创造出来的艺术品,都是不真实的,也不可能是真实的,因之,也就是破坏真实的。剧作家如果只紧紧把住一套或者几套编剧上的和舞台上的技巧不肯放手,他的创造性必然受到局限,他的作品必然僵化。一切事物都是先有了生命、内容和内在的发展动力,先有了发展,才在发展现象上表现出规律的。或者说,事物的发展现象是有规律的,但这些规律绝不是孤立的,绝不是与发展、发展的进程和主导这个发展的生命或内在不平衡动力绝缘的;事物更不是先有了规律才有发展。因此,有内容、有思想、有生命、有发展力的创造,无论是表现在属于文学创作的剧本里也好,无论是表现在属于艺术创造的舞台演出上也好,只要它本身是活生生现实的提炼与集中,就自然会显现出规律来,而这规律就自然会是它自己的、独特的、有生命力的、合于辩证唯物法则的,换一句话说,这也就是它自身所特有的外形技巧。它本身所表现出来的这种规律,绝不是用任何别的戏上所表现过的规律(外形技巧)所能代替,更不是任何定型的、刻板的技术规律所能代替的;同时,它的规律,也就无法移用到另外任何一个有生命力的艺术创造上去。一个戏有一个戏的"戏格",所以每出戏只能从它本身性格所决定,所表现出来的技术规律去认识它、去欣赏它。如果只用一般的定型的技术去衡量它,去评价它,或者只孤立地研究它的外形——如,只看它是否有"戏剧性",是否能产生"舞台效果"等,而不去理解它的所以产生这些外形的内涵因素,那我们就不会真正认识一个剧本。最有"戏剧性"的剧本,表面上总是最单纯朴素,而内在却澎湃着最大的活力,最有分量的思想与情感的。

我从这一个理解上去研究了《龙须沟》。因此,我很喜欢这个剧本,接受了导演的任务。而且,在工作进行中,虽然因为个人能力的薄弱而遭遇到一些困难,却能没有动摇,一直坚持下来。这里,应该特别提出北京人民艺术剧院院长李伯钊同志认识之深刻和领导之正确而坚定;没有她那么果断的坚持,这个文学剧本很可能不会和广大的观众见面,而全国各大城市的文艺工作团体,也不会排除了顾虑,继北京人民艺术剧院之后,纷纷在上演或筹备上演《龙须沟》。

二、导演是二度创造的艺术

舞台艺术家戈登·克雷说过:"不要先去寻求写实,要先看到诗人灵魂的深处。"这意思是说,导演在研究一个文学剧本并准备把它在舞台上形象化时,第一件要做的事情,是要去掌握住剧本的内在力量与精神,和作家的思想与情感。导演唯有使自己的创造性和作家的内在创造力结合一致,才能找到具体表现剧本精神与作家思想情感的适当方法。戈登·克雷不但这样要求导演,在他那两篇著名的《对话录》里,也还向剧作家们大声疾呼,要求作家们学习莎士比亚,少写"舞台说明",少指定动作和表演的形象,以免窒息导演的创造性。因为,导演的工作,不是"搬运",不是"照抄",不是"描摹",不是"翻印",不是"介绍",不是"补充",也不是组织演员在舞台上去化妆背诵剧本。不是的,远不是这样的。导演工作是远更重要的,是一种有创造性的艺术。这种创造性的工作,微妙而又复杂;导演艺术家既是一个给别人收生的助产士,又是那个受助的孕妇。他是助产士,因为剧作家的创造通过他才能形象地出现在广大观众的面前;他是那个孕妇本身,因为活在观众面前的人物和出现在舞台上的生活,已经不再是剧作家的文学作品,而完全是导演艺术家所创造出来的艺术作品了。

剧作家进入生活,提炼生活,采用在现实生活中完全有可能性的题材,集中表现出现实生活中人物的思想与情感,这是文学作品,是一度创造。文学作家用以创造现实题材和活生生人物的工具,或称媒介,是文字,或者语言。他的对象是读者,或听者。文字,或者语言,通过抽象的字形或语音,唤起读者或听者的想象力,使文学作家笔下或口中的现实世界、生活和人物,在读者或听者的想象力与理解力里出现成为具体的东西,从而使读者或听者受到感染,引起思想与情感上的共鸣,发生推动与提高他们行动的作用。而导演艺术家呢,他的工作是要把文学作家笔下或口中的文学作品,在舞台上形象化出来,成为艺术的创造。他用以创造的工具,不再是文字或者第三者的语言,而是有机的人体(演员)和无机的舞台物质条件。他的对象不是少数的读者和听者,而是更广大的观众。他要把文学作家在读者的想象力里所唤起的现实世界、生活和人物,用具体的形象,如动作、语言、声音、颜色、光影、形状、节奏等等,使生活和人物有了具体而真实的外貌,摆在观众的面前,使观众直接通过他们视官、听官和第六官,而不是间接通过想象力,去感受到这种外貌的内在力量。他必须叫观众面对着一片具体的、真实的,在现实社会里完全有可能接触到的生活、人物和人物的思想与情感。可是,这个生活和人物,又必须是文学作家所曾经一度创造过的。换言之,他必须用另外的方法,把文学作家的文学作品,再去创造一遍,成为艺术作品。因此,导演的工作,也是一种创造工作。这种创造,在艺术上,称作"二度创造的艺术"。

导演的创造性工作,既是二度创造的艺术,就不能是绝对自由发展的。导演的创造源泉,固然和作家一样,是生活,是广大人民的生活。而他所处理的素材,因为是剧作家所提供出来的,所以他处理的范围,当然就受到了局限。然而在表现这些素材上,他又有绝对的自由,因为他在表现他的最高目的——主题上,可以尽量发挥他的思想,发挥他的才能。导演为完成他这样的工作,首先要掌握住剧本的主题用"灵魂的眼睛"去看清文学作家的意图,看清文学作家笔下的生活和人物,才能和剧作家的思想与情感打成一片,而去自由地发挥他的"内在创造力"。

导演不但要把自己的和剧作家的思想与情感结合成为一体,以发挥他的创造性,更重要的,还必须和他所要二度创造的人物的生活、思想与情感,结合在一起。他应当生活在他所要二度创造的生活和人物里。因此,他必须掉进生活,向生活学习,才能明确地感到自身是生活中的一个,有一个生活里的公民责任。他又必须和广大的人民紧紧联系在一起,是自己的思想、情感、志趣和愿望,都是人民所有的一部分,才能够和所要创造的人物打成一片;自己的艺术才能,也才能够完全发挥在这个工作上。他唯有生活在广大人民的现实与变革中间,和人民有同样的思想、同样的热情,和人民遭受同样的遭遇,和人民对各种环境起着同样的内在与外在的反应,才能叫他所创造出来的人物是活的,是现实的。导演在研究处理一个文学剧本的工作上,不应当以一个技术执行者的身份自居,而应当把自己看成是这一片生活里、这一阶级层里的人物中间一个。他必须要自己觉得要那样想,那样动,那样说,才能叫他所处理下的人物也那样想,那样动,那样说。唯有这样,导演所处理下的人物,才能真的活起来;导演所处理下的整个舞台剧,才是现实的生活而不是做戏;导演所指导下的演员,也才能在舞台上成为活生生的人物。——也唯有这样,导演的工作才能值得被称为二度创造的艺术。

  我考虑如何处理《龙须沟》,就是从这个认识——如何好好完成这一种二度创造的艺术——开始的。我是怎样寻求我的创造力的源泉的呢?那,毫无疑问地,是面向生活,面向群众。剧作家之所以能写出这样好的一个剧本,主要是因为他熟悉北京,热爱北京,熟悉北京的劳动人民,热爱并尊敬劳动人民。作为这个剧本的导演,自然先要有和作家同样多并且足够的生活经验,而且需要有长时期的、深入的、全面的生活体验。在艺术创造的进行中,每个演员只需熟悉了解剧中一个人物,而导演却须熟悉了解剧中所有的人物和剧中整个的生活。我这次之所以敢于接受这么一个剧本的导演任务,并不是我在技术上有多么大的把握,而是因为《龙须沟》里边的生活和人物,对于我整个并不陌生。这也不完全是由于我在北京住得很久,主要地还是由于我从小就成长在劳动人民堆里;我不但熟悉他们,热爱他们,尊敬他们,而且思想与情感是能和他们一致的。至于我所用在这个舞台剧上的导演方法,也是经过生活,特别是劳动人民的生活所抉择、所洗练、所丰富了的。所以,无论是在修改剧本上,在帮助演员刻画人物上,在舞台上创造劳动人民生活的脉搏与形象上,我所依靠的都不是单纯的技术,而主要的是龙须沟的生活和劳动人民的生活。唯有这样,艺术的创造里,才能表现出生活的现实性,才能表现出劳动人民的真正思想与情感。而导演艺术家也唯有从他自己的生活经验的基础上,自由发挥他的创造性,才能把文学作家的"内在创造动力"所渴望表现出来的世界,表现得更为生动,更为有血有肉。所以说,导演艺术家,和文学作家一样,也必须和现实里的生活与人物打成一片,才能找到新现实主义导演艺术创造力的主导源泉。

然而,光依靠生活,艺术是没有方向的。日丹诺夫说过:"我们苏联的文学是有倾向性的。我们以此自傲。因为,我们的倾向是为了解放劳动者,为了从资本主义的奴役下解放全人类。"在我们新中国,文学与艺术的创造,也应当有同样的倾向。我们的戏剧艺术家,不但要全心全意地把自己的艺术贡献给中国人民革命的伟大事业,而且要坚决地参加与帮助全世界爱好和平的人们,共同实现最后的幸福世界。这个方向是高贵的,合于历史规律与任务的。因此,导演艺术家必须认清生活进程的方向,才能获得艺术创造方向的指南。他必须不断地提高自己的思想水平，不断地细心学习马克思列宁主义和毛泽东思想，坚定自己的阶级立场，叫自己的思想具有正确的趋向，才能正确地认识生活、依靠生活，才能把剧作家笔下的生活，真实地生动地在舞台上提炼并成为活生生的现实世界，也才能叫自己的二度创造得以充分发挥出真实性和革命意义，从而体现人民大众的正当要求。

因此，我首先强调导演艺术创造中的思想性。在研究如何处理《龙须沟》的劳动人民生活的时候，我集中力量去分析和检查自己的思想，时刻在深入一步地学习政治，希望能胜任地二度创造出劳动人民的本质与本色，和新社会的真景象与真精神。目前，我们新中国的导演，面对着我们蓬勃发展着的新社会，我们英勇的革命与保卫世界和平的斗争，我们广大人民翻身的事实，我们的新社会里所无尽地涌现着的劳动模范和战斗英雄，我们的生产建设，我们的乐观主义和爱国主义的精神……样样都需要我们高声歌颂。作为一个导演，倘若不随时提高自己的思想水平，以马列主义、毛泽东思想作为他发挥自己艺术创造力的源泉与最高指南，他又怎么能去完成这个光荣的任务呢？他又怎么能认识生活中的真理，表现这个真理，颂扬这个真理，普遍推广这个真理呢？真理是和社会阶级与阶级斗争的明确分不开的；导演也唯有明确自己的阶级，站在无产阶级的真理的一边，才能在舞台上给工农兵和劳动人民创造出他们应有的高尚气质，朴厚心地，伟大精神和坚强英勇行为的形象。

是马列主义和毛泽东思想，指导着我们的导演艺术创造的方向；是时刻在向上发展着的、现实的、广大人民的生活，做着我们导演艺术创造的源泉；我们才得以朝着真理所揭示的远景，用自己的创造方法而不是剧作家的方法，在舞台上创造出生活和人物来。导演的二度创造艺术，在新的剧场艺术的建立上，应该占有很重要的地位。导演这种富有创造性的艺术，不但能把思想性与艺术性高度结合着的文学剧本，用具体形象胜任地介绍到广大观众的眼前，而且能叫思想性或者艺术性某一方面较有欠缺的文学作品，经过导演给补充了新的生命，丰富了内容和内在与外形的力量，也得以在舞台上出现成为较之书本更为完善的艺术创作。同时，导演艺术家如果熟练掌握了这种有思想性有创造方向的导演艺术，他就必然有能力去分辨事物，必然会依靠辩证唯物论与历史唯物论的观点，去判断是非，去认识并决定所要导演或所不要导演的文学剧本。目前我们的戏剧文学创作，不必讳言地，还没有达到涌现出许多思想性与艺术性有高度结合的作品的时候，无论是话剧、歌剧和电影的脚本里，也还个别地存在着反辩证唯物论与历史唯物论的观点，倘若导演艺术家不认识自己的工作之重要，不负起他应负的责任来，倘若文学界艺术界不首先重视导演艺术的重要性，对于新中国戏剧则是有害的。

三、怎样修改剧本

　　文学作家用三五个字就能在书本子里把真理说得透彻，就能把人物描写出轮廓的地方，导演艺术家未必能用形象表现得同样透彻，他也许必须另外添加很多东西，特别是有形的、具体的、较多诉之于视觉与感觉的东西——如动作、节奏、气氛等等，才能刻画得具体而真实。相反，文学作家用大段动作与语言所描写出来的人物思想情感，也许导演艺术家在舞台上用不着那样费事，却只用某一种情调或者某一种气氛就能充分传达出来。因此，导演艺术家为了忠实地再创造一个戏剧作品，反而有删动原作的必要。不但要删动台词，而且要根据导演二度创造的要求，或者把结构和台词紧缩些或发展些，或者把人物性格补充些、修改些，或者要东裁西补，甚至于要把全剧加以改编，从头到尾重新再写一遍。但是，导演无论怎样做，只准遵守一个原则，趋向一个目的：剧本修改的结果，必须更能提炼和更能集中表现原剧本的主题和现实性，更能充分发挥文学作家原来的意图，更能丰富原剧本里的生活和人物，更能发扬光大文学作品的精神和风格。一切无补于原作的、题外的、非原则性的、庸俗琐碎的删动，都只能损害原剧本的精神，所以也都是一个有文艺修养而又负责的导演所切切禁忌的。

我修订剧本，一直都本着一个最高原则在进行：强调原剧本的思想性。强调思想性的工作，是在多方面着眼的，主题、人物、故事、环境、气氛、动作与语言……处处都付之以极大的细心和注意。《龙须沟》的主题是明确的，正如老舍先生在他那篇《我怎样写〈龙须沟〉》里所说的，他因为热爱并尊敬北京的劳动人民，所以要写他们怎样感激中国共产党和人民政府。我把这个主题的精神，又给发挥了一步：《龙须沟》的劳动人民，和全国的广大人民一样，为什么会这样感激我们的党与我们的政府呢？因为中国共产党是工人阶级的党，它和人民政府的政策是正确的，是为广大人民，特别是为工人阶级谋幸福的。有了这样正确的政策，才能出现这么多的史无前例的动人事实，有了这些事实，中国人民亲自受到了国内打垮帝国主义、官僚资本主义和封建主义的种种利益与幸福，他们才会这样的感激与爱戴党与政府。因此，我修订剧本的时候，掌牢的是这个主题：如何更明显而有力地表现出中国共产党和人民政府政策之正确。同时，我认为单纯的感激不等于觉悟，所以，还必须着力表现劳动人民的觉悟。因此，我特别注意人物性格的阶级性，并设法把反动统治的反动性和残酷性，首先和我们的政治与政策做一个强烈的对比——例如，我在第一幕里，在描写解放前的社会的时候，特别强调了反动政治气氛，除去文学作家所提供的"做官儿的坏"和"恶霸坏"以外，又适当地加进了些反革命特务们的横行与残暴，反动政府的抓壮丁，官僚资本和反人民战争所造成的物价直线向上波动，和种种民不聊生的现实材料——用政治和社会来解释人物，强调每一个人物在解放以后所以能改变思想、提高觉悟程度的合理根据，说明他们对于党与政府的那种感激，是由于确实认识到有了自己的政府，内心确实是愉快了、乐观了，而情不自禁地发泄出来的。

　　我站稳了阶级立场，去对待人物，把每个人物都做了相当的修润。我特别强调对于劳动人民优良品质的颂扬。我要叫《龙须沟》里的正面人物，个个都受到尊敬。我只要有一个机会，遇到一个适当的地方，就都要强调他们是怎样的爱劳动，怎样的富于阶级友爱，怎样的勇于正视生活，怎样面对着艰苦的生活而以满怀反抗精神在挣扎，在斗争，永不低头。然而，我并不抹杀人物性格上的弱点。我给这些弱点找出并且说明了它们社会性的根源。忽略这一点是极危险的。如果单纯地强调人物的优良品质，人物就会片面化而失去真实性,如果没有立场地去刻画他们的弱点,甚至自我陶醉地欣赏偏爱那些弱点,那又必然歪曲人物的本质,有损劳动人民。我在这一点上曾经做过很大的努力,一方面要充分表现出人物的真实性,另一方面又要充分表现出它的现实性——政治的与社会的形成因素。举一个最明显的例子来说吧。程疯子这个人物,根据我们的立场来分析,首先肯定他并没有疯,更不是臭沟给熏疯的(如原剧本所写的)。他那些在别人眼里所视为疯疯癫癫的行为,比如成天和小孩子玩耍,成天编数来宝唱而不出去奔生活,我都看成是他对于反动统治下的旧社会的一种反抗表现——自然是一种不正确的表现;然而,正因为他遭受过那么多的压迫,他已经支持不起而仍在勉强支持着,所以他的反抗表现才会显得这样不正确,而只在郁闷、焦急、万不得已而犬儒阿Q一番。旧社会把人逼成疯子、逼成鬼。我为了暴露、谴责旧社会,就不能把疯子肯定为生理上有严重的病态,更不能叫他的疯癫状态被人鄙夷嘲笑,不能叫人认为这不是旧社会的罪恶而是他自己的罪过。我们应当强调旧社会的残酷性,叫观众痛恨旧社会。我们越是叫人觉得疯子那么可爱可怜,就越会叫人痛恨旧社会连这样一个好人都逼到这种地步。因此,我除去给这个人物删动若干地方以外,又在第一幕里,从他被小流氓冯狗子殴打起,到下大雨全院子各家都慌乱地往屋里抢东西止,加上一段相当长的戏——程疯子发疯——以期达到这个目的。诸如此类的例子还很多,现在只再举出一两个比较明显的来。比如,我给丁四添了许多台词,以说明他之所以不顾家,并不是因为他好喝酒,而是因为解放以前的物价跳动得太剧烈,国民党军官坐车又不给钱,而且捐税苛重，还有其他种种政治与社会的原因，才把他逼成那个样子。我保留了王大妈的原样，因为通过这样的人物，可以透露出半封建社会的坏势力。但我也同样给她做了小小的补充，在她身上，如同在丁四嫂和程娘子身上一样，我要尽量表现出劳动人民的辛勤和善良的心地上所自然流露出来的阶级友爱。所以我就给她添加了借给丁四杂合面儿，招呼喝醉了酒的丁四和相当关心程疯子的工作等等细节。此外，为了使刘巡长到解放后被留用更有合理的与现实的根据，我不但给他增加了一场戏，说明他的本质，而且在最后的修改稿内，把巡长的职务，改成了普通的警察；解放以后，只叫他被留用在派出所里当人民警察，而不叫他代表人民的政权。因为解放以前的巡长，几乎全是反动派的爪牙，在剧情里留用下这种人是不合事实的，用他来当派出所副所长，也不合理。此外，我又把剧本的结构整个重新组织一下，如，把程疯子歌颂修沟的快板移到全剧的结尾；如，把原剧的二幕三场紧缩成为一幕，插个暗转，以便更能集中表现人民政府工作的积极，叫观众没有等了又等，可是人民政府还不来真修龙须沟的错觉。第三幕第一场，增加了二十多个群众，也是为了叫群众的思想与情感，群众的力量，和群众从正确的政策中所感到兴奋愉快，能有具体的表现，具体的形象。

在修订剧本的时候，我也没有忽视这群人物所处的环境和氛围。人物没有生活的环境便是架空的，所以对于剧本的"规定环境"，也做了不少的补充。我有意地使第一幕在一开幕的头几分钟，表现出一片嘈杂的声音，一片混乱的景象，叫观众首先看到解放前的"龙须沟"那种肮脏阴湿的大杂院的全貌，首先看到"龙须沟"的劳动人民是怎样在那种环境里活着和工作着。我为什么不让剧情从一开幕就头绪分明呢？为什么不叫人物的对话从一开幕就有顺序，就叫观众听得清楚，而且有逻辑的发展呢？为什么不叫人物的活动从一开幕就有层次呢？却偏偏一开幕就叫人有混乱和嘈杂之感，有不知道先从哪里看起、听起之感呢？因为不这样，观众就不会首先掉进这些劳动人民所生活的环境和氛围中。观众掉不进生活里，便不会被戏所带着走，也就不会被戏所感动。同时，为了引得观众强烈地回忆到过去社会的残酷，并且叫观众把这个小杂院里的生活现象，很快很强烈地和造成这现象的反动政治联系在一起，我就在小杂院邻近，添加了一座高大而古老的房舍，房角上高高挂起一个招牌，上边漆着金黄的"当"字，用这个简捷的"指明"方法，使观众在意念联想上时时感觉着有一个沉重而黝黯狠毒的魔手，一直紧紧压在这一群劳动人民的头顶上。此外，无论在布景上，在道具上，特别是在灯光与音响的效果上，都同样趋向一个共同目的：要表现人物性格，表现劳动人民的生活、生活环境，和他们在不同的政治环境下所产生的不同的思想与情感。

　　这种改编工作：结构的重新安排，剧情的补充，人物性格修改，台词的增删，和生活环境的充实，由九月初演员们开始到龙须沟去体验生活时起，到开排以至总排止，第一次共花了四个半月的工夫，每天都要花到十小时以上，有的时候，还要工作通宵；甚至为了一场戏的修订稿不符合要求，或者不能很好地表现主题和生活，便把排戏停住几天，重新去写剧本。到了演出以后，剧本个别地方的修改工作，又陆续用去了两个月。第一期公演了五十五场，在暂时停演休息的期间，又把全剧按照最后修改本重新排练了一次。第二期公演了以后，又把剧本重新改正一次，成为现在的演出本。在改编与修订剧本上所花的时间，前后将近六个半月，比起排演场上所用的两个半月来，其时间和精力都在一倍以上。这充分证明我的文艺修养水平太低。《龙须沟》的导演本虽然由我从头到尾重写过五次，而结果仍然未能把老舍先生的真精神掌握到应有的程度，仍然没有把每个人物的性格给予好好地处理（比如：小妞子应当是多么可爱的一个孩子，她的死亡才能在观众的心里留下一个沉重而痛恨的记忆；二嘎子应当是多么肯干活儿、多么善良、多么聪明的一个劳动人民的儿子，他在解放以后又应当是多么积极，才能叫人从他的身上看出新中国下一代青年的前途和幸福；冯狗子的改变应该有多么明显的过程，才能叫人相信他确是改造过来了），此外还有若干人物的历史背景，人物彼此之间的关系，人物内心生活的深度……都还没有丰富起来，交代清楚。实际上，虽然也有几段戏是因为照顾演员的条件而忍痛删掉的，虽然老舍先生认为也还有些可取之处，在他的文学剧本再版时也采纳了一些地方，可是，究竟还是因为我的能力薄弱，不能把问题全部解决，也没有能够更好地丰富却反而在个别的地方歪曲了原来的文学作品，这是我应当请老舍先生原谅的。而正因为修订改编剧本太吃力了，而时间又很有限，所以在排演场上用于帮助演员创造人物的时间和精力，就很不够多，因此，演员们表演上容或存在着什么大的缺点，那都应该由我来负责，也应该由我向演员同志们表示歉意。

四、怎样体验生活

体验生活是创造过程中一个很重要的准备工作。导演和演员在排演之前应当有一个向生活学习的时期，这是谁都知道的。可是，我时常接触到不少的演员，他们因为体验生活和创造过程中间缺少着一道桥梁，不能把这两段工作有机地联系起来，于是感到苦闷，觉得体验生活仿佛只是一种多余的形式。事实上，这仅足以证明他们以前并没有把体验生活这个工作做好，而不能证明它是无用的。我们因此在这次体验生活当中，针对着过去一般演员的错误经验，特别强调了以下应当注意的几点。

首先，我们必须认识：导演和演员们在排演某一个剧本以前的体验生活，是根据剧本的要求，去向生活、向群众学习，把生活与群众的丰富素材，围绕着剧本所指定的环境与人物，提炼起来，集中起来，以做二度创造的一种准备工作。假如一个导演和一群演员，他们平日从不投向火热的生活，从不投入广大群众的各阶层，而仅仅依靠着排演以前的几个月甚至只是几个星期的生活体验，这种生活是远不够用的。他们如果没有长期的经常的生活体验，则生活的全貌既然还没有窥到，又怎么能懂得提炼什么和集中什么，更怎能谈得到创造舞台上的现实呢？那势必只有感到苦闷了。

一向和生活与群众隔绝的导演与演员，从来不知道穷苦的劳动人民的生活是什么样子，更没有想象到过它是什么样子，所以初次一投入像"龙须沟"这样的一个阶层生活环境，起码便会先有一种惊讶之感。无论他要去学习的心情怎样恳切，而这个现实生活既然是复杂的,对于他又是生疏的,他当然会首先感到恍惚迷离,样样都觉得新奇了。样样既非他之所知,他就希望样样都能吸取到,然而,"五色令人目盲,五音令人耳聋"结果呢,就连一点点东西也吸取不到。纵然能吸取到一些素材,那也只是一些表面的、肤浅的、一般化的、琐碎的、没有重点、没有生命的东西;他既然不能钻入生活的深处,也就不能结合着脚本去提炼,于是,他所汲取过来的,一样也用不到他的人物创造上去,这也就等于一点东西都没有学习到。所以说,导演和演员,倘若不在平日就经常地长期地投向生活,投向广大的群众,他的创造就没有丰富的基础,没有生命的力量,他的艺术就不存在。然而这也不等于说,一个导演或者演员因此就可以不在排戏以前去体验生活。相反的,这一段工作仍然是很重要很必需的。这一段短短时间的生活体验,对于生活经验丰富的导演或演员来说,是一个结合剧本去提炼和集中的准备阶段,也是长期体验生活过程中的一部分(由感性认识进入理性认识的阶段);对于生活不丰富的导演和演员来说,这是引领他投向生活的一个开端,他可以因此而打开了长期投向生活与群众的大道。排演前那种短期的体验生活,和平日经常地投向生活,二者对于艺术创造都是有用的,哪一样也不可缺少;没有后者就丰富不了自己的生活,丰富不了自己艺术创造的原动力;没有前者就不知道如何去提炼和集中生活里的特征资料以进行创造。

有人会问:一个导演或者一个演员的生命有限,他纵然把毕生的时间整个都用在经常投向生活里,也并不能把千变万化的、时刻在发展着的生活全貌体验周到。古罗马名言"吾生有涯,艺术无涯",正说明了艺术家生活经验的幅度究竟是有限的。那么,导演与演员的生活经验,岂不是永远不够丰富,永远不足以创造了吗?我的答案是这样的:正因为导演与演员的生活经验永无止境,所以他才更需要时刻不停地投向生活以扩大丰富他的创造力。也许一个导演或者一个演员的直接生活经验有限,可是,第一,他可以先从他所最熟悉的生活去进行创造工作,先导演或者表演自己所最熟悉的生活与人物,凡是自己所不熟悉的,可以暂时不去动手。第二,对于那些自己所不熟悉的,也不能有所借口而不去学习。如果把自己的工作永远局限于仅仅是自己所熟悉的生活,那就是对于新鲜事物失去了敏锐的感觉,也就是有意地和目前与将来在发展着的世界脱节。对新鲜事物缺乏时刻的联系,缺乏兴趣,缺乏敏锐的感觉和反应,创造力便必然因此而逐渐枯竭,久之,就连他原来有的那一点点生活经验,也将因为缺少新生的向上发展的因素而僵化。第三,用集体的经验——间接经验,来丰富自己的直接经验。如果过分强调个人的生活经验,仅仅依靠个人在以往生活中的一点一滴的片断体验,而不依靠群众生活经验和群众生活经验的科学总结,去分析、理解、评价、处理事物和进行艺术创造,则这种分析、理解、评价、处理和创造,是很危险的,很可能是唯心的,带着各种资产阶级意识的,甚至是反动意识的反映和升华。

直接经验可以用间接经验来丰富,来指导;但是那种间接经验必须是群众实践过的、科学的。"一切真知都是从直接经验发源的。但人不能事事直接经验,事实上多数的知识都是间接经验的东西,这就是一切古代的与外域的知识。这些知识在古人、外人是直接经验的东西，如果在古人、外人直接经验时是符合于列宁所说的条件：'科学的抽象'，是科学地反映了客观的事物，那么这些知识是可靠的，否则就是不可靠的。所以，一个人的知识，不外直接经验的和间接经验的两部分。而且在我为间接经验者，在人则仍为直接经验。因此，就知识的总体说来，无论何种知识都是不能离开直接经验的。"[1] 在艺术创造上，斯坦尼斯拉夫斯基也提出过直接经验以外还不要忽视间接经验。所以他主张导演与演员应当经常去博览历史、地理和科学的书籍，研读当代及古典文学作品，欣赏音乐、美术。我们在这里必须根据辩证唯物论的认识论，把他这个基本要求发展并提高到科学的原则上，就是说，这些间接经验，必须是古人、外人或他人的直接经验，而且是符合于列宁所说的"物质的抽象，自然规律的抽象，价值的抽象以及其他等等，一句话，一切科学的（正确的、郑重的、非瞎说的）抽象，都更深刻，更正确，更完全的反映着自然"的经验。因此，我们在丰富生活经验上，在汲取间接经验上，第一必须加强政治学习。没有政治学习，便如同航行在无边大海而迷失了方向。唯有不断地学习马列主义与毛泽东思想，才能有科学的正确的人生观与世界观，才能知道生活的方向，才能知道怎样去体验生活，才能知道直接向生活学习什么，间接向古人、外人学习什么，才能掌握生活的规律，才能依靠这些来分析、理解、批判事物，因此也才能掌握住艺术创造的规律。我前面不是提过吗，艺术的创造，艺术创造上的规律和法则，毫无例外地产生于生活与自然界的规律，掌握不住生活的规律，就掌握不住艺术的规律。而生活

---

[1] 毛泽东《实践论》。

的规律，既经由人类的天才导师和领袖们从斗争的实践中把千万人民大众的千万年生活与斗争的实践，发展提高而总结成为科学的理论，那便是人类生活的一个最精彩、最科学、最实际、最基本的经验总结，因此也就成为我们如何去生活，如何去对待生活，如何去了解生活，如何去掌握生活和生活规律的指南。所以说，政治理论——马列主义和毛泽东思想，是群众的生活和斗争经验发展了的科学的总结，是人类一个总的直接生活经验，同时也是每个人的一个间接生活经验，又是其他一切直接的与间接的、群众的与个人的生活经验的基石和指南。舍掉政治的学习而单纯地无方向地不根据群众总的直接经验去投入生活，体验生活，分析生活，提炼生活，那岂止等于盲人骑瞎马，白白浪费时间与精力，而且所创造出来的艺术作品，也必然是违反人民的要求和生活的实际的。

研究政策文件和领导同志的讲话与指示，阅读报纸杂志和各种关于现实生活的报道，都能把自己和群众的生活、群众的行动、群众的经验、群众的思想与情感打成一片而提高自己的思想与情感，丰富自己的直接生活经验。不去经常不断地进行这些政治与时事的学习，而只单纯地去钻研戏剧艺术的理论与技巧，或者只依靠短期的暂时的一点下厂下乡入伍的直接经验，去进行创造，就远不够作为一个人民艺术家。没有千万人的生活经验，没有千万人的生活行动和要求存在于你的思想与情感中，你的个人直接经验至少是偏狭的、片面的，甚而是悬空的、孤独的、与生活脱节的，因而也是没有用处的。有了这种科学的、实践过的间接经验，你的直接经验却会马上丰富起来，发展起来。

有了理论的认识，还必须经过亲身的实践，才能得到真正的理解。"真正亲知的是天下实践着的人……"毛主席在《实践论》里又这样教育着我们，"如果要直接地认识某种或某些事物，便只有亲身参加于变革现实、变革某种或某些事物的实践的斗争中，才能触到那种或那些事物的现象，也只有在亲身参加变革现实的实践的斗争中，才能暴露那种或那些事物的本质而理解它们。这是任何人实际上走着的认识路程"。所以说，导演与演员，除了经常投入生活的实践中和经常汲取间接经验以外，在准备导演和表演某一个剧本之前，还必须根据剧本里所写的生活和人物的具体情况去实际体验，才能真正了解剧本的精神、主题、生活、人物和人物的思想与情感。这就是说，导演和演员，要根据剧本的要求，从生活里提炼和集中起片断的印象和材料来，把自己从直接或间接经验（特别是间接经验）里所理解了的东西，再去感受一次，才能得到真正的理性认识。因此，排演前的一段体验生活，依然是很重要的。《龙须沟》的演职员同志们，经过这次的生活体验，具体而充分地理解了生活和艺术创造间的密切关系；正因为他们从这次体验生活中，证实了生活的无比的重要性，他们才对于经常而长期的体验生活，起了不可遏止的热望；也正因为他们深入一步地了解了政治理论水平对于丰富生活有多么大的决定性，才更进而自我要求深入一步地去作政治、时事、政策与文件和文学与艺术的学习。

我们的演员在体验生活的方法上，有些同志和全国戏剧工作者当中某些个别同志一样，最初也犯了一些错误。

第一种错误，是演员置身于生活与群众的外边观察，自己仅仅以一个旁观者、同情者、调查者的身份去体验生活。演员以一个旧的社会调查统计者的姿态，出现在人民群众当中，这是可能想象的事吗？其结果当然是很危险的。这种结果之危险，还不仅是他所得到的材料是表面的、肤浅的、没有生命的、全然不能表现出生活与人民的内在活力；最致命的应该说是，他必然失掉立场。你如果只是在旁观，只是在调查，只是在单纯地搜集资料，那你就是采取了超阶级的立场，你和生活与人民之间就必然存在着一道鸿沟。你没有法子不用你自己的意识形态主观地理解生活，因而，你的眼睛所看见的生活，也必然只会至少是小资产阶级知识分子眼里和同情心下的人民大众的生活，而不是那个生活本身的内容与外貌。把你这样调查得来的生活，再经你通过你的头脑去分析，去解释，最后再去形象地表现在舞台上（或银幕上），则工农兵和劳动的人民大众，必然会被你歪曲。所以，无论是做导演的或做演员的，必须认清自己的立场。首先不能歪曲生活与人物的阶级性。他不但在理性认识上和主观愿望上要明确自己的工人阶级立场，而且要把这个认识，这个愿望，毫不折扣地在他的实践里表现出来。他必须用客观的实践结果，检验他的主观愿望和认识。要想做到这一步，他就得叫自己投入工人和劳动人民的生活里去，和他们一起生活，一起感受周围的事物，才能真正认识生活，真正认识群众；等到他在舞台上创造这种生活和人物的时候，那个生活和人物才能是现实的，而不是导演和演员自己眼里和同情心下的生活和人物；唯有这样，认识与主观愿望才能被证实是正确的，也才能和客观的实践统一。

这一次，《龙须沟》的演员同志们最大的收获，是能明确了自己的阶级立场，明确了对于体验生活的基本态度，纠正了旁观调查的方法，投进了劳动人民的生活，所以他们在表演的成就上，一般地讲来，才能比较以前大大地提高了一步。他们在龙须沟呆了有两个多月，和劳动人民成了朋友，和他们一起生活，帮助他们一起工作。这样，演员们首先感染了劳动人民生活的气氛情调，和劳动人民同呼吸，因此，对于一切事的感觉与反应，也就逐渐能够和劳动人民一致起来，逐渐能和他们的思想情感结合起来，而小资产阶级知识分子的残余意识，也就能以经过劳动人民生活的洗练而逐渐减少。他们并不有意识地去注意、去学习某些人的局部动作，或者某人的特殊语言；可是，等到他们和劳动人民一起生活得相当长久之后，他们的脑子里和心里，却能有了劳动人民生活的丰富面貌，仿佛许多劳动人民的样子，他们都能清楚地说得出来，到了这个时候，他们反而能随时说得出哪种人会哪样行动，哪种人对哪样事情会有怎样的想法了。他们的生活体验，于是变成了有机的，提起某一件事情，他们就会举一反三，触类旁通。从他们的思想情感上讲，仿佛自己已经是劳动人民中间的一个。他们做不出一个条理分明的调查表，可是他们的血液和心灵里，却都灌注了比调查表上所能列载的远更清楚详尽的生活全貌及其细节。

  第二种错误，是向生活里去寻找艺术创造上的典型。在我个人所接触到的演员中间，有不少人拼命想在现实生活里找到文学剧本里所写出来的和自己所要去创造的典型人物。拼命想在群众中间找到一个恰恰吻合于他所要二度创造的那个典型人物的模特儿。他们总是找不到——那自然是找不到喽，而且永远也不会找到的——于是他们便陷于苦恼；结果，不是怀疑文学作家所创造出来的这个人物是否真实，便是怀疑向生活学习是否真的有用。这种苦恼的解除，有待于艺术思想的提高。这种想法，显然是把自己困惑在自然主义和机械论的泥淖中了。要从现实生活里找到一个艺术创造上的典型或是一个模特儿的这种愿望，详细分析起来，就是等于说：要找到一个现成的人物，照着他去模拟。这是一开始就堵塞自己创造性的道路的思想。假定你能找得到这样一个现成的典型人物，你是不是可能不经过体验他的生活，不经过在演员身上培植起他的思想与情感，而照抄模拟得出一个活人来呢？当然是不可能的。而且，假定真的在现实生活里偶然巧合地找到了那么一个典型人物，那又何必要你费这么大的精力去模仿而模仿得又不对头，为什么不就叫那个现成的人物登上舞台去演戏呢？他会比你所模拟的远更真实得多。然而，把一个现实生活里现成的人物搬上舞台，这是什么思想呢？这不是自然主义又是什么呢？艺术的创造，是反自然主义的，因为自然主义仅仅要求外貌的毫发毕肖，只有五光十色的杂陈，没有组织，没有重点，没有思想的角度，没有方向，没有内在的生命，没有发展的力量。艺术是生活的提炼和集中，而不是生活的自然现象，更不是自然现象的模拟。典型人物是作家与艺术家的一种创造，是要通过阶级的立场和阶级斗争的认识，从某一阶级某一阶层的共通特质上，把此一阶级此一阶层所共有而且是特有的特点，提炼集中起来，然后赋之以个别性格而完成的一种创造。这个典型人物自身所特有的个性里，有一个基本特质，那就是他所属的那一阶级所特有的特质，也就是他的同阶级人物们每一个人所或多或少都共有的特质。你能从他的身上看出一个阶级,也就是说,你能从他的同阶级同阶层的各个人物身上,都能看得出也有这个典型人物性格里的一部分——主要的一部分,也就是,他们所共有的那一部分;其余的部分,便是他们各人自己所独有的个性了。比如我们在有些戏剧和影片里所看见的共产党员、战斗英雄,或者,我们所看见的丹娘和赵一曼,他们之所以成为典型,完全是因为他们的性格里,都同时存在着工人阶级和共产党员的大性格——基本性格,和他们自己的小性格——人物个性。所以说,他们的典型是从现实生活里提炼出来的,而不是从某一个现实人物身上描摹下来的。我们一向反对文艺创造上的"共通性"的说法,因为那是资产阶级的文艺理论,企图模糊阶级意识,目的在想巧妙地消除阶级斗争。然而,我们只因为时常曲解了找特殊的意义是应该站在工人阶级立场上的,结果在找特征和找典型的时候,就往往大大忽略了同一个阶级的人物是有其"共通性"的。不从同阶级的"共通性"的基础上去理解阶级生活,不先从阶层生活的"共通性"上去寻找类型人物,然后再把阶层生活提炼出来,集中地去和剧本里所指定的人物个性结合而创造出典型人物,那便是有意识地叫你主观上所谓的典型人物架在半空。文艺创造中的典型人物,在现实生活中并不具体地存在,却又实实在在地存在着。它存在在每一个阶级阶层的所有人物身上,那得需要你去首先了解这一阶级的特质,首先抓住这一阶级里各阶层人物所共有的大性格,然后你才能把这大性格提炼,和你的创造中的人物的小性格结合起来而完成为一个典型的人物。如果你的文艺思想上还存在着向生活中寻找你所需要的典型与模特儿,以便或者照抄,或者改头换面地模拟,那你首先就否定了创造,首先就抹杀了文艺和生活的血缘关系,而成为脱离生活、脱离人民的"艺术家"。

《龙须沟》的演员同志们,经过说明,马上认识了生活与群众对于艺术创造的血肉关系,认识了典型人物是有阶级性的,也认识了舞台上的典型人物是演员通过生活所提炼集中起来的一种创造,而不是模拟。于是,他们的创造之门开了。当他们在龙须沟的劳动人民中间生活到一定的时间,和劳动人民的思想情感结合到一定程度之后,他们便能以根据文学剧本里的要求,把阶层生活逐渐提炼,逐渐集中在剧本人物的个性上。随后,典型人物的恍惚迷离的影子,就开始在他们的内心创造力里朦胧出现了。这个影子越是逐渐清晰明朗,他们就越能知道提炼些什么,而越是懂得提炼什么,典型人物的影子便越明朗而清晰,他们也才越敢就着某一个近似他的角色的现实人物,重点地吸取些东西。这样,他们创造中的典型人物,是从现实人物身上汲取了营养,而不是从哪一个特殊的现实人物身上所模拟蜕化出来的。到后来,在演出的时候,我们招待龙须沟的劳动人民和修沟的工人来看戏,请求他们批评;他们首先众口同声地肯定舞台上的人物都是他们自己而不觉得是演出来的。演员同志们采用了正确的体验生活和创造人物的方法,是这个结果的有力的说明。

五、日记·自传·圆桌会议

在我们的导演与表演艺术中,存在着一个基本的问题,尚未能满意地得到解决:如何叫实践和理论好好地结合。理论不能和实际结合，其结果不但在舞台表演上表现成为形式主义，而且在排演的方法和制度上，也同样表现成为形式主义。所以我在排演《龙须沟》的过程中，时时警惕着自己，随时学习着毛主席的《实践论》。这是引导我们如何去好好实践毛泽东文艺思想的一个最高指南，能叫我们纠正文艺思想方法上与文艺工作实践上的偏向，能使我们具体地克服经验主义和教条主义。我们在这次工作中，导演和演员除了都在努力学习着以理论指导实践，再以实践来提高并丰富对理论的认识以外，还努力寻找如何以理论指导中国舞台上的实践，换一句话说，也就是寻找如何能叫斯坦尼斯拉夫斯基的理论体系，和中国的实践相结合的方法。我们做得虽然不够好，可是收获还是有的。下边，等到我谈导演和表演方法的时候，将会围绕着这个问题，提出更多的例子；在这一节里，我只讲一下我们怎样做日记，写自传，和怎样开圆桌会议。

有一个现象，相当普遍地存在着。直到目前为止，即在前些天，我还接触到一些由外省来京的文艺工作同志们向我所提出的一个问题。他们在理论上都认为演员写日记，写角色的自传，导演和演员开圆桌会议是必需的。然而，实际上，他们又没有办法把这些工作有机地和艺术创造联系起来，因此便觉得这仿佛只是一种形式，没有用处，是加在演员们身上的一个累赘，一个包袱。他们于是产生一个想法：如果演员在体验生活和创造过程中，不写日记和角色自传，少开圆桌会议，岂不是更有好处，更少分散他们的精力和时间吗？这得看我们怎样来实地运用这些制度。

一般导演仿佛觉得演员们在体验生活和排演期间所写的日记，只是为演员自己做参考用的，导演只要督促演员们写好或者交进来便够了。许多导演并不仔细研读它的内容,甚至也有置之一旁不理的。很少有人注意到这一个事实:演员的日记和角色自传是一面镜子,它能把演员的内心情况和创造过程,全部反映给导演;导演通过它才能知道怎样帮助演员创造。在开圆桌会议这个制度上,有些团体执行得也很机械,他们把导演和演员集合在一起,空洞地理论地发挥一些意见之后,抽象地概念地确定了主题,确定了每个人物的性格,用图表大纲式的结论,规定出人物性格上的一是什么,二是什么,三是什么。这以后,仿佛人物个性的塑像已经完成,只等要求每个演员再给他所要演的人物写好一篇自传,便可以依此为准则地去开始创造人物了。这种机械的做法,一开始便已经窒息了导演的创造性,同时也窒息了演员的创造性。

  我们对于任何事物,要能了解它或者能处理它,必须先能掌握事物中所存在着的客观的发展规律。也必须先能学会如何对于生活中的任何事物,都能一下子就看清或抓住它的客观存在着的发展规律,才能依照这个客观存在着的规律,去进行分析,进行理解,进行处理。违反这个客观规律而代之以任何主观的方法,都会表现成为形式主义。艺术上的形式主义,和生活上的形式主义,都是脱离生活实际的,所以也都必然被现实生活所否定。就拿角色的创造来说,我们也同样应该知道:从演员自己的一个阶层到人物的另一个阶层,从演员的第一自我性格到人物的第二自我性格,它的蜕变是有一定的发展过程和发展规律的,换一句话说,它的发展是要经过一个不平衡的过程的。最初也不是突然的,而是片断的、零碎的、内在有很多矛盾的;必须经过一定的时间,等到片断的变化逐渐加多，变化达到一定的数量，矛盾逐渐统一到一定的程度，性格的本质上才能显现出突然的变化，演员才能蜕变成为人物。作为一个导演，在帮助演员创造人物的工作上，最重要的是要能掌握住这个蜕变过程的规律。他不能要求演员马上就掉进人物中，因此他必须随时知道演员内心是什么情况，人物的思想情感在演员的内心发展到了什么程度，他才能知道演员所走的方向是否正确，方法是否科学，内心的矛盾都是在什么地方，片断的蜕化数量已经有了多少，蜕化上的障碍都是些什么⋯⋯他必须根据这些具体而实际的情况，去决定如何帮助他的演员进一步进入角色，才能要求他的演员再做些这个或者不再做些那个，也才能叫他的演员的创造性，贯通结合在他自己的创造力上，以完成舞台上的生活与人物的灵魂造型任务。而最能详尽而清楚地把演员的一切反映给导演的，那就唯有演员的日记和角色自传了。因此，导演在演员的日记和自传上所下的分析研究的工夫，应该是很大的。

　　我们的这一段工作，是这样做的：为了分析剧本的主题和明确它的思想性，先只开了一两次会议，同时也把人物的性格大体谈了一下。全体演职员便开始下龙须沟去体验生活。大家每天晚上回来写日记，把他们的感受、观察、材料、意见、疑问，乃至感到苦闷的地方，坦白而详细地记录下来，文字并不求其工整，记载也不要求有系统，只希望所记下来的越真实越能表现他们思想与情感的自然形态越好。他们如果感到有不能用文字所表达清楚详尽的地方，也还可以向助理导演去口述，由助理导演把演员的日记，连同他们口述的问题，每周汇交导演一次（必要时，助理导演可以随时找导演来解决问题)。导演连夜把演员们的日记仔仔细细地研读,时而掉进每个人物里边去,时而设想体会演员的心理和生理的情况、政治与文化的条件,和思想与情感的状态,把两者互相比较研究,去思索沟通的方法。然后,把日记加以详细的批注:肯定哪些是好的、对的、正确的、足以启发创造道路的;否定或批判哪些是错误的、走向歪路的。同时,演员所提出的问题,也尽量给予满意的解答;对他们的苦闷,也用鼓舞和解释的方法予以解除。遇到文字所不容易说明,或者可能引起误解的问题,就约请演员们当面来详谈。导演在看过演员们的日记之后每周召集一次会议,把他们在这一周里所接触到的共同问题,以及个别的重大问题,和下周应该注意和进行的问题,做一个综合的报告;再由演员自由发表意见,提出问题,以启发导演,这一段工作一直继续进入排演的阶段。这样,导演才能经常地和演员内在情况联系在一起,不但是每个演员在体验生活中所收获的都是些什么,生活对于演员思想与情感有了些什么影响,人物的"心象"(有人译作"意象")在演员的身上已经孕育到了什么程度,而且连演员本身的各种条件,他演这个角色有多少可能性,他和第二自我在哪些地方有了接近,哪些地方还有着距离,都能了如指掌。导演唯有到了这个时候,才有可能完成丹钦科所提出的三个任务:一、作为演员的一面镜子,随时都能清清楚楚地知道演员的内在创造发展到了什么程度;二、作为演员的导师,知道他们的优缺点,好帮助他们去创造;三、设身处地地作为演员,尽量去了解去熟悉每一个演员的可能性,就着他们各人不同的条件,去个别地给演员打通创造的大路。唯有这样,导演才能在排演的过程中,用不同的个别方法，诱导个别的演员慢慢丢掉他在表演中所不需要的那些第一自我的部分，发展适合于第二自我的部分，而逐渐进入角色，逐渐生活于角色。从此可知，演员的日记，不但对于演员自己，而且对于导演在和演员联合创造的工作上，是有多么大的作用。

演员给人物所写的自传，也有同样的作用。它应该被视为演员在创造人物过程中对于人物在某一阶段上的认识的小结和记录。演员最初所写出来的人物自传，并不等于确定了的用以人物性格与形象的历史根据。应该把它看成是对于演员自己的一个启发。研究过剧本，体验过一两个星期的生活以后，导演便可以叫演员同志们给自己所要创造的角色写自传，同时也要郑重地向他们申明：这个自传，仅仅是演员结合着剧本的要求，通过对人物初步的认识，所做出来的一个初步想象、一个草底、一个概括。这个初步的想象，将会启发演员更能知道向生活中去学习些什么，集中提炼些什么。演员经过再学习，再提炼之后，他们将会因为对生活有了进一步的认识，而提高了对于角色的认识，因而他就必然会去修订他初次给人物所设想的自传。经过这样反复的修改，反复的体验，人物自传便会在体验生活与排演的全部时间内，有了无数次的更动，无数次的充实；每一次的修改，都是演员对人物认识接近了一步的记录，也是下一步认识的一个启发。结果呢，最后一次修订了的自传，就必然和第一次的初稿大不相同，也就是说，演员对人物这才逐步地达到了正确认识与体验的阶段。因此导演在每个演员的人物自传上，也应当像他在演员日记上那样随时仔细研究，随时提出意见，来帮助他们更能认识角色,也同样应当随着阅读演员在逐步修正中的自传而步步了解了演员对人物的认识。也唯有这样,导演才能帮着演员把人物性格的历史的因素,渗透在演员所要创造的人物里然后再透露出来。所以,人物自传的完成,该是在角色创造完成之日,而不是在创造开始之初。

六、怎样认识斯坦尼斯拉夫斯基体系

我相信任何一个用功的戏剧工作者,都能有系统地谈出斯坦尼斯拉夫斯基的导演与表演理论是什么。可是,理论不经过实践,固然很难理解得正确;而倘若对于理论有了某些错误的理解,这些错误的理解便必然在实践上发生很严重的结果。我们的戏剧工作者,普遍地感到:对于斯坦尼斯拉夫斯基的理论的认识,似乎是足够清楚的了,可是一用在中国的实践中,便有些地方格格不入,找不到方法把理论与实践沟通起来。几乎每一个青年的戏剧工作者都有这样的苦闷。

作为一个导演,为了叫他的理论能正确地指导他的实践,自然首先要用自己实践的结果来检验自己对于理论的认识是否正确。他要想把斯坦尼斯拉夫斯基的导演与表演体系,有效地、有发挥地运用在他的实践中,也还得对于这个理论具有以下三种基本上的理解:

第一,需要知道,斯坦尼斯拉夫斯基的理论,是一个体系,而不是一个单纯的、片断的、孤立的、技巧上的方法。它既然是一个体系,我们就应该寻求如何通过我们自己的方法,把它在中国的土壤里培养、发展、壮大起来,而不能从苏联生硬地、教条地移植搬运到中国来:必须在毛泽东思想指引下,寻求我们自己的实践方法,来培养它、发展它、壮大它。远在1938年以前,斯坦尼斯拉夫斯基还在世的时候,他曾亲口对一些特地到苏联去向他学习的外国导演与演员们说过:"你们不应该照抄莫斯科艺术剧院。你们必须创造你们自己的一些东西。你们如果照抄,那就等于说,你们仅仅是在因袭了。那你们就不是在往前发展了。"他又说:"我们的体系之所以适合于我们,因为我们是俄罗斯人,因为这里的我们是一群与你们不同的俄罗斯人。我们这个体系是从实践中、从不断的修正中、从不断地把意象中那些已经陈腐下去的现实抛掉而代之以新鲜的现实,代之以越来越接近真理的现实中得来的。你们也必须这样做。可是,这得用你们自己的方法去获得,而不能用我们的方法。我们在1898年莫斯科艺术剧院成立的时候所用的方法,到现在已经是经过上千遍的修正的了……你们到这里来,要研究,要观察,而不要抄袭。艺术家必须学习自己去思考,自己去感觉,自己去寻找新的形象。艺术家绝不应该满足于别人已有的成就。你们是外国人,你们的经济制度和我们不同,你们的生活习惯不同,你们语言里和舞蹈里的节奏不同,因此,如果你们想创造一个伟大的剧场艺术,可就得把所有这些都估计在内。必须根据这些来创造你们自己的方法,那种方法才能够和任何已经发现了的方法同样真实和伟大……你们可以坐在那几把椅子上,看着我们排戏。也许你们会在我们的排演里发现一些适用于你们思路的地方。假如发现有足以鼓舞你们的东西,那就采用它,就运用到你们自己身上去吧,然而,必须是去'适应'它，不要照抄，得要叫这样的东西能引你们往更远的一步去想。"这些话都是对的。因为斯坦尼斯拉夫斯基体系的建立，有它自己的历史的与社会的背景与条件。从前，沙皇俄国时代的演员，都承袭着欧洲 19 世纪表演的传统——表演是专从外形技巧上用功夫的。固然也偶尔出现过一些杰出的演员，如同其他国家里那些具有世界地位的沙尔维尼、杜丝、亨利·欧文、莫杰斯卡、高博等天才一样地使高度的技巧服从于内容，而传达出内心的情感。固然偶尔也有一些演员只借纯技巧就能创造出一两个动人的形象来，可那究竟只是极少见的例外。就一般的情况而论，单纯的演剧技巧发展得越高，人物就越失掉内心的活力，因而，越遇到生活的真实性很强的剧本，那剧本的创造便越被这样的演技所摧残。最好的例子，便是契诃夫的《海鸥》在圣彼得堡由全班明星演员演得惨败。斯坦尼斯拉夫斯基本来也是很注重形象的一个演员，但是，他看见了戏剧上这个普遍的令人伤心的现象，看见了剧作家遭受了这样的打击，看见了表演方法上这种严重的错误，于是深入研究，从实践中归纳出一个基本理论来，批判并发展了狄德罗、考克兰、欧文等前辈的意见，扬弃了那些不科学的部分，吸收了那些科学的部分，针对着沙俄时代演员的条件，建立起这个有无限发展可能性的体系来：主张"以内心的活动自发地联系起肌肉的活动"。它之应当称为体系，因为它是一个有机的理论，是一个原则，是一个演剧的科学。要实践这个科学的体系，在苏联就有适用于苏联演员条件的方法，在中国也就应当有适用于中国演员条件的方法。今天，新中国的演员，其所以不同于沙俄时代的演员，也更不同于今日苏联的演员者，主要在于中国话剧与新歌剧历史还太短，演员还太年轻（平均都是二十多岁的青年），演戏的基本训练的基础远还不够，还很缺少作为一个好演员的条件之一：技术的基础。即或有个别的演员因为善于运用一些技巧而成了名，而那些技巧也只能说是夸大了的个人生活习惯，或者是从主观想象中给人物所矫造出来的生硬动作，和个人舞台经验与习惯之凝固。这都远不足以被尊称为劳动职业的技术。而绝大多数的演员呢，与其说他们那些使人看来不舒服的表演是犯了形式主义，还不如说那是他们不知道用什么具体的形象来表现思想情感，因而造成无所措手足的结果更为恰当。所以，要引用斯坦尼斯拉夫斯基批评沙俄演员专以高度技巧炫弄的理论来指责每一个连演剧劳动的技术基础还没有建立好的新中国演员都是犯了形式主义，其结果，将会使中国的青年演员们，连在舞台上运用自己在现实生活里所最熟悉的最自然的活动，连作为一个人类所天生有的活动，也都会误认为是形式主义，因而就妄图摆脱一切最现实、最生活化的动作和声音，却想另外去寻求一套所谓"生活化"的东西，于是，连在舞台上走路也都成为装腔作势，越搞便越离着斯坦尼斯拉夫斯基的体系远了。

另外，还有一个现象，也相当普遍地存在着，那就是：生吞斯坦尼斯拉夫斯基心理准备过程的理论，无原则地否定形象，认为凡是形象全是形式主义。试想演员如果整个取消了足以传达出内心思想与情感活动状态的形象，就连最生动、最自然、最生活化的举止动作，也都认作是仇敌，那会有什么结果呢？角色必然会个个变成了得瘫痪症的人物。而那种呆滞、无神、平板，既然不能表现丝毫的生命，也就必然会成了一种僵尸化的形式了。大家往往忽略了斯坦尼斯拉夫斯基在《演员自我修养》上册里一开头便说过的一句话："我们体系的演员，有双重的重任：一是培养内心情绪的训练，二是形体与声音的训练。"由此可知，生活和技术固然有主从的关系，可是在取得生活经验以后从事创造人物时，如何针对着中国演员的条件，寻求具体实践的方法，以建立我们自己的斯坦尼斯拉夫斯基体系，乃是今日企图作为人民艺术家的中国导演与演员们的最高最重大的责任。

第二，必须彻底了解，斯坦尼斯拉夫斯基的理论体系，其本身所具有的法则，是完全符合于辩证唯物论的规律的。我们前边为什么一再提到斯坦尼斯拉夫斯基的体系不是一个单纯的、片断的、孤立的、纯技巧上的方法呢？因为方法是手段而不是目的，不是原则。方法可能是片断的，没有一贯性的。方法是无机的，可以改进而不能发展的。斯坦尼斯拉夫斯基的体系是有机的，有它内在联系的一贯性的，有发展可能性的，是合于唯物辩证法的。正如我们在上一节里所引证的他自己的话里所说的，他的理论不是一次完成的，乃是在长期的实践中，经过无数次的修正，无数次的变动，无数次的失败和发展而建立起来的。因此，斯坦尼斯拉夫斯基自己虽然也许没有意识到，也没有在他的著作中谈到过任何关于辩证法的话，而我们如果真的能精通了他的全部理论体系，就会发现并肯定它确是遵循着唯物辩证法则而发展下来的。而它本身也都是遵循着这个规律的。比如，根据我个人的理解，他的创造角色的整个理论，都很明显地提示着我们说：他认为，人类从自然人到社会人再到各个人不同的性格，都是由于阶级社会和阶级生活环境所决定的。某甲之所以不同于某乙，是因为某甲的阶级阶层生活环境的种种客观条件，积年累月地把某甲天性中某些因素消灭下去，同时把另外某些因素发展起来。而某甲的天性里所被发展起来的那些个别因素，也正是某乙在某乙的阶级阶层生活环境的客观条件里所消灭下去的。我们因而可以了解，在斯坦尼斯拉夫斯基的认识中，人是可以改变的，人是可以改造的：只要他的阶级阶层生活环境的客观条件有相当时间的改变，和经过一定程度的教育，则一个人在甲环境里所发展到最高限度的因素，就会在乙环境里逐渐消灭下去，而同时把甲环境所已经消灭下去的因素又逐渐发展起来。唯其如此，斯坦尼斯拉夫斯基的理论，才能有力地驳倒了前人"第一自我不可能发展成为第二自我"的错误见解和争论，而建立了一个结实的演剧科学。根据他的理论精神来看，在演员本身里，被演员的生活客观条件所消灭下去可是适合于角色的因素，只要经过深入的生活体验，丰富的想象，内心经常地生活于角色和角色的环境中，便有可能慢慢地发展起来；而那些不适合于角色的因素，便逐渐消灭下去。因此，人物在演员的内心与外形上，是逐渐发展起来的，是不平衡地向上发展起来的，是内在与外在有机地联系着发展起来的，也就是说，是从一点一滴的变化，发展成为整个的变化，从量的变化发展成为质的变化，从内在力量的矛盾发展成为统一的性格，从内心思想与情感的变化有机地自发地建立起外在形象的。全部斯坦尼斯拉夫斯基的理论，都围绕着这一个中心规律（这个中心规律，斯坦尼斯拉夫斯基并没有具体地提出过，这是我个人在学习中所得到的一个总结。这也许是很不成熟的，如果有错误，应该由我负责）。所以，孤立地强调他的理论的形体活动部分，而忽略了内在有机地决定外在，固然是一个错误道路，而孤立地强调内心活动却否定了内在的变化必然有机地联系起外在形体活动的规律，如我们的导演和演员在最近十多年来所时常那样理解和那样实践的，也是一个严重的错误道路。导演与演员，必须精通了这个中心的理论精神，才能解决一切工作上的问题。

第三，必须认识，应当把斯坦尼斯拉夫斯基的理论体系，继续加以发展，予以提高——随着迅速发展着的新鲜的伟大的现实而不断地发展。他的理论本来是随着现实的发展而发展起来的，正如他自己所说的，"我们这个体系，是从……不断地把意识中那些已经陈腐下去的现实抛掉而代之以新鲜的现实、代之越来越接近真理的现实中得来的"。它既然是随着越来越接近真理的现实发展下来的，我们就应当把它继续发展下去。谁都知道戏剧艺术是一种创造，是一种灵魂工程，它要把文学作品里所刻画出来的时代、生活和人物，赋予一个有血有肉的形象。而新现实主义的文学作品，没有一个不是新鲜的现实在突飞猛进中的现实和越来越接近真理的现实的提炼。进一步运用发展了的斯坦尼斯拉夫斯基的体系，才可以把这个在发展着的时代、生活和这些人物，更生动地重现在广大观众的面前。还有比人民的时代，比人民给自己创造出来的生活，比无产阶级的革命人物，还更伟大、更辉煌、更该歌颂、更该使之生动地与广大观众见面的吗？因此，我们要表现这个人民的时代和人民的领袖与英雄，人民的劳动、创造和生活，便不能把斯坦尼斯拉夫斯基体系的运用，停留在他随着他生前的现实发展而达到的阶段上，停留在他的成就的因袭上，而必须更在社会主义的现实主义道路上去大大发展一步，才能使理论、方法与技巧，更能适应于新的要求。

戏剧艺术的创造性的发展，和随着这个要求而来的演剧理论体系与实践方法的发展，都不是涣散的，没有最高目的，没有方向的。这个最高目的，就是走向共产主义的社会；这个方向，就是遵循着列宁、斯大林、毛泽东所指出的道路。因此，演剧艺术如果停留在斯坦尼斯拉夫斯基体系的发展过程中的某一阶段而不去继续发展它，有方向地发展它，那便是曲解了斯坦尼斯拉夫斯基的理论，而放弃人民艺术家的伟大责任。我们新中国的戏剧工作者，应当为这个而努力。

七、怎样运用斯坦尼斯拉夫斯基体系

我们必须牢牢谨记丹钦科的名言——"导演的创造力，要死在演员的里面而复生，正如一粒麦子死在土里而复生"。这就是说，导演的创造，应当和演员的创造有机地联合在一起。导演的创造不是孤立的，它必须能启发、发挥、发展演员的创造性，而演员这被启发、发挥、发展了的创造性，翻转过来又更启发、发挥、发展了导演的创造性。这种导演与演员互相启发推动的关系，是我们在运用斯坦尼斯拉夫斯基体系的时候所应当特别重视的一个要诀。导演不但要掉进生活，和剧作家的创造性结合一致，而且还要和演员的创造性结合一致。因为导演首先应该是一面镜子，在这面镜子里，反映着、存在着演员的一切内心活动。同时，导演也必须把他所透视了的，在二度创造中的生活和人物，把他自己作为一个新时代的公民所要发挥出来的东西，叫他的演员们也能同样地感受到，才能和演员们在舞台上联合创造出人民的时代，人民的生活，和处在这个生活中的伟大人民来。而旧的导演方法，是怎样的呢？导演总是有他自己的一套计划，这套计划是什么，好像是他自己的秘密，演员既不知道，也无从知道；而演员呢，也各人有他自己的一套计划，那些计划又是什么，导演也无从知道。导演与演员中间，有一层隔膜，有一个距离。导演只知道向演员要求这个要求那个；演员也习惯于被导演所要求，所调动，所指示。在旧式的导演方法下，演员从开始演第一个戏的时候起，就养成了被动的习惯——只知道执行导演的命令，听从导演的指挥，任由导演拿自己当个傀儡似地去调动，从来不习惯于自发地创造，尤其不能了解：演员的创造性也会启发导演；导演与演员之间，有着互相启发推动的关系。

如前边所说过的，演员所要扮演的人物，其形成是逐渐的，不是也不可能是一下子就具备了内心与形体的。在导演方面也是一样。导演内心所孕育着的人物和生活，也不可能是一下子就具备了完整的内心与形体的，它们也是逐渐形成的。因此，导演如果在一开始排戏的时候，就指定演员这样做或者那样做，就等于说：一、他自认为自己心中的人物已经完整地形成；二、他要求演员盲目地去照抄。只要求演员照抄而不把导演心中的形象叫演员看见，已经是违反科学的了；何况，导演心中的这个形象，还未必发育成形，也未必形成得完整呢？所以，导演必须首先把自己"心的眼睛"里所看到的、所理解到一定程度的人物和生活，用解释、举例、暗示、启发等等方法，叫演员的"心的眼睛"也能看见；诱导着演员去和那个人物接近而终于结合，叫演员以人物的身份去自发自主地活动。这意思不等于说导演可以全无计划。恰恰相反，导演在排戏之前，应该有一个长时期的准备，和较之旧式的导演远更周密的全面计划。这个计划的根据，就是他对于全剧生活与人物的初步了解。他应当先把这些了解，用种种启发方法传达给他的演员。等到他的演员对于生活和人物的了解，逐渐和他自己的了解结合一致，则演员在排演中的活动上所表现出来的一切，自然就会和导演原来的计划相差无几，甚至能够恰相吻合。如果演员在排演活动中所表现出来的，和导演的计划大有距离，那么，导演不是先从外形上去纠正错误，而应当先去仔细研究它的原因：要找到这是演员理解上的错误呢，还是导演自己理解上的错误。假如是演员理解上有错误，那么，种种教条式的批判、干涉、指责和生硬的纠正，都是无益的，那徒然引得演员情绪低落，创造性窒息。在这个时候，导演就应该按照演员的条件（如：政治觉悟程度、文艺修养水平、舞台经验、身体情况和个人气质等），向他做进一步的解释和启发。如果那是导演理解上的错误，他便应该汲取演员的长处，修正自己的计划，纠正并充实自己的理解。这样，导演的创造力便会因为演员的启发而推进发展一步。而这发展了的创造力，反过来又更能把演员的创造力推动、发展、提高一步。这便是导演和演员联合创造的一个必然的也应有的过程。

在这种交互启发和联合创造方法的运用上，我们做导演的也时常因为误解发展演员的创造性而犯了自由放任的毛病。这主要的是忽略了创造的"联合"部分。如果导演事先毫无计划、毫无准备，只任由演员在排演场上自由活动，既不去指导调动和纠正，也不去解释和启发，那就等于表示：这个艺术创造工作，全部是演员的责任，导演只不过是一个旁观者、监视者。这种大大误解了发挥演员创造性的方法，结果不是使演员们徘徊于自己狭小薄弱的创造力中，不能进入角色，始终陷于苦闷，便是叫演员养成极端民主的观念，认为各人都可以随意发展，都可以各趋一端地去发展，因而把人物性格刻画歪曲，把全剧的主题发展歪曲，把艺术的"整体性"打碎，造成一片混杂现象。一出戏的创造工作里，假如撤掉了导演的创造力量，就等于军队撤掉了司令员，其结果还可能想象吗？可是，事实上，我们有不少人和不少次是这样做过的。如果一位导演从开始就以一个不负责的"看排演者"的姿态出现，在排演的过程中，他又永远放弃了他的司令员的职责，等到看完了几个月的排演，他却又以一个严厉的吹毛求疵的批评家姿态出现，教条地指责演员，随后，便自以为完成了导演的任务，而全然忘记这个戏的一切该受批评的地方，就连他所批评的演员本身所犯的毛病和存在着的缺点在内，也都首先应当由他负责的，那么，我们又有什么理由需要这样的导演呢？

导演的民主作风，应该以联合创造为原则。他在和演员们共同创造的工作上，有综合一切、概括一切、总结一切的责任。他应该尽量启发演员，使演员发挥自己的创造性，而这种发挥却又是有共同方向、有共同目的的。因此，导演无论启发演员什么，汲取演员什么，肯定演员什么，否定什么，都是应该有原则性的，经过原则所批判过的：有没有生活？能不能表现生活？他要懂得勇于从演员方面汲取并接受一切有利于创造的优点，但同时也得能勇于坚持原则，掌握方向，批判并消灭那些违反现实的、错误的、庸俗琐碎的、钻进牛犄角的极端自由发展。

　　导演在启发演员的创造性上，在批评和改正演员的错误认识上，无论用什么方法，都应当以生活为根据，通过他自己的辩证唯物的思想方法，而不应该出之于冲动或急躁。"耐心"是每一个艺术工作者的美德。艺术创造工作是艰巨的，其完成的程序，也是遵循着一定的生活规律的。失掉耐性就证明工作者失掉了科学的思想方法。所以，一个导演首先要懂得：人物的创造，在最初必然有一段缓慢而且看不出迹象的过程。他不能急切地要求演员一下子便把人物创造出来。不但如此，他还得设法消除演员的急躁和急切，更不能伤害演员创造的热情与兴致。他不能一开始就批评演员的错误。假如导演从第一天开排起，便滔滔不绝地、无微不至地指责演员这样也是形式主义，那样也是形式主义；这一种情感不是人物的，那一种也不是人物的，一直批评到总排，批评到演出，结果呢，演员的形式主义不但始终不能取消，反而越经批评越是形式主义；演员不但进入不到人物里去，反而永远也摸索不到人物的情感究竟是怎样的。现实主义的导演方法，本身就是反形式主义、反教条主义、反经验主义的。然而，你如果反用教条去批判形式主义，那你的方法岂不是首先就已经犯了严重的形式主义了吗？想以形式主义消灭形式主义，其结果当然只有打击演员的创造情绪和信心，只有堵塞演员的创造性，只有造成更重的形式主义了。正确的导演方法，应该先去肯定演员哪些是对的，哪些是适合于角色的创造的，哪些可能发展成为人物的因素，即或是这些因素在演员的身上表现得极其微小，甚至还在潜伏着看不出来（但导演是应该懂得怎样去看得出来的）。演员在开始排练的时候外形的活动上纵然有一千样表现成为形式主义的东西，内心的活动上纵然有一千分情绪都不是人物的，但是，根据我上边所讲的道理来说，他至少总有一分一厘的东西，是有生命的、活的、适合于角色的吧？好啦，你就先去肯定这一分一厘好了，先把这一分一厘的正确的东西指出来，千万不要先去批评那一千样错的要不得的东西。因为，你不要轻视这一分一厘的萌芽，这却是一个新生的力量，它只要经过适当的启发和发展，就是角色诞生的根源。它的逐渐发展，自然就是那一千样错的东西的消灭。导演肯定了这个潜伏着的、可能发展成为新力量的然而是少许的因素以后，演员就会因为受到鼓励而慢慢走向导演所诱导的方向，在很短的期间以内，就不但能把这一分一厘的东西发展成为更大的分量，而且必然会因为内心活动的有机联系性，又另外发展出许多新生的适合于角色的因素的萌芽来。这些新的因素，越发展越多，越发展分量越大，越发展就越排斥了那些陈腐无用的形式主义的东西。导演的创造，在这个过程中，也会受了演员创造所不断发展起来的新的因素的影响，而不断地丰富并发展起来。新的因素在不断地增长，旧的陈腐的因素在不断地消灭，演员才会在导演的指导下，通过自己一定程度的努力，和一定时间的酝酿，而进入角色，创造出活生生的现实人物。这样的联合创造过程，永远不会叫演员感觉苦恼，感觉吃力，相反地，他们只会觉得愉快，只会随着创造工作的进展而一步比一步感到惊喜。

这就是我个人在实践中运用斯坦尼斯拉夫斯基体系的一个经验。自然，和演员联合创造与启发演员的创造性，方法是多样的。

可是，导演无论用什么方法，倘若只在演员们旧有的创造方法的基础上去运用斯氏的体系，那依然不会奏效。因此，去掉那些阻碍演员们创造性的各种旧有习惯，成为排演过程中第一步应做的工作。我这里姑且举出我所用过的三种方法，作为说明。

　　第一种方法。我请演员参加剧本的修改工作。每个演员，在开排之前，都被导演要求去根据他对于剧本主题的认识，对于人物的了解，和他从体验生活当中所得来的个人认识和理解，提出修正自己的角色或与自己角色有关的其他角色的意见，大至故事的穿插，小到一两句台词和对话，都可以用文字或者口头向导演提出来，而且把故事和对话具体地或大意地写出来。经过导演的集中考虑的提炼，再根据剧作家和导演的整个意图，把剧本改编成为目前所演出的这个演出本。经过这样的做法，演员便会感觉到，文学剧本的创作里，也有了他们自己的创造，因而就把一度创造力与二度创造力拉得很近：演员一经感到剧作家和导演所要创造的人物也正是他自己心中所要创造的，便很快就能摸到创造的门径，把第一自我和角色结合起来。不但如此，我还让每个演员在经过导演批准的原则下，有一定限度地去增删修改他自己的台词，以便使他说出来顺口。这样，更能使演员容易把对话融化成为他自己内心所要说出来的言语，而不是在背诵作家所写出来的台词。唯有到演员感觉到自己心里有那样动、那样说的渴望，才是艺术创造的开始。

　　第二种方法。我从戏一开排的时候，就一再强调地要求每个演员尽量放开来活动。我甚至告诉演员们说：你们即或把人物形象演错了，即或活动成了文明戏的表演，也不要紧，这是体验，这是演员的初步活动，导演自然会设法给你们慢慢收敛，慢慢给你们纠正。我为什么要这样做呢？这岂不是很危险的吗？岂不是一开始就叫演员走进了错误的人物形象里，一开始就叫演员犯了形式主义吗？实践证明，结果是恰恰相反的。第一，必须认清，演员不可能在戏一开排的时候，就能全部进入角色：正如我前边所解释过的，人物的形成是需要经过一定的发展过程的。所以一开始你就叫他尽量放开了做出来，那就等于叫他把他到此为止的这一个时期里对于人物所有的认识，进入角色的程度，完全暴露出来给你看看。唯有叫演员全部地暴露出来，你才能从"万绿丛中"找到那"一点红"，你才能知道发展他的什么，纠正他的什么。否则，演员动也不敢动，做也不敢做，你不但看不出他什么是错误的，而且更重要的，你就连他那潜伏着的好的萌芽，也都抓不着了。第二，我们成天在喊着反形式主义，到处在努力作着反形式主义的斗争。然而你不叫演员把他所有的形式主义完全展览给你看一看，叫你检阅一遍，你又怎样能采取不同的方法去取消不同演员表现成为不同的那些形式主义呢，你又怎样能够知道取消他哪些形式主义呢？唯有叫他把形式主义的东西一起展览出来，你才可以对症下药：一方面诱导他发展那些少而新生的因素，一方面再用多样的方法，纠正并克服他那些形式主义的积习。否则，演员会把他一向所惯用的形式，有意识地尽力掩藏起来。这不但蒙骗了导演，而且也蒙骗了演员自己。可是，最不幸的是，等到演员一正式上了舞台，那些在排演场上有意识地、理智地所掩饰起来的形式主义，便会因为演员不再那样理智而毫不客气地一样样都又出现了。所以，导演必须叫演员在排演的时候，把旧有的习惯全部暴露出来，然后再用暗示或比喻的方法，用启发他自觉的方法，叫他自己去发现哪些是架空的形式，哪些是久而不自察觉的"舞台腔"。首先要他自动地抛掉那些舞台腔，叫他在排演场上生活，才能把演员引入创造的正轨。

第三种方法。我把排演的期间分成两个段落，前一段落——较大的一个段落——作为体验生活的继续，后一个段落作为进入角色的过程。演员虽然体验过了生活，可是那只是感性的认识或印象；演员虽然结合着剧本形成了他的"心象"，可是这个"心象"只是一个概念，只是一个理性的认识，还不能称作一种"真知"；这个"心象"还只存在于演员的想象中，他自身和这个"心象"还有着距离。而且，这个"心象"的认识是否正确，他能否活在这个"心象"里，也还不得而知。"一切真知都是从直接经验发源的"，"真正亲知的是天下实践着的人"。所以，演员必须把他对人物的认识，从实践中得到证明、修正和批准，才能认识得更深刻更正确，才能使自己的思想情感与人物结合而进入人物中去。他必须在排演场上，把角色的生活一遍又一遍地生活，才能把感性的认识发展成为理性的认识，具体地结合在他自己的舞台实践中，才能把他想象中的人物思想与情感，融化在他的行为中。排演是一个感性与理性认识反复着丰富起来的一个实践过程。同时，在开排以前，他想象中的人物，只是孤立的，和其他人物与剧本指定的环境，是不发生太密切的关系的，他也必须在剧本的"规定情境"和指定生活里，在和别的人物的接触上，一遍又一遍地去体验，去生活，才能通过具体而真实的刺激反应作用而修正、充实、发展他的人物。苏联的导演和演员们，称排演为"活动",我称之为"生活",这都是因为我们认为排演的全部过程是一个由体验生活到进入生活以至创造出人物的过程,而不是一个单纯创造的过程。不用《实践论》去指导艺术创造的方法,就一定会把认识与实践分家,不从辩证唯物的思想方法上去考虑导演的方法,就一定会不自觉地不要求演员通过排演场上的体验生活阶段以进入角色,而只要求演员去模拟他的"心象"。不叫演员在排演的过程中继续生活的体验,则演员所创造出来的人物虽然不是生活的模拟了,却又是"心象"的模拟了。因此,人物便依然会成了空洞的刻板的公式的定型,从此便失掉了修订发展余地,也便失去了真实感;演员的创造性,也就会在一开排的时候便被窒息了。

　　我所用的这种方法,有些演员在最初感觉很不习惯。因为在大家的意识中,一向都认为排演的开始便是创造角色的开始,以为角色的"心象"早已在体验生活那一个阶段里完整地形成了,现在只要进入甚至模拟那个"心象",便可创造人物的外在形象了。他们忘记了初步排演也还是帮助演员去修正、去丰富、去正确地形成他的角色的"心象"时期。要想完全生活于角色,还有待于排演的最后一个阶段。所以他们总是一开排就希望导演马上规定或者决定他们的声音动作,以完成他们的人物造型。然而活在你内心的人物形象既然还没有完整呢,你又怎么能创造出什么形象来呢?就算你的"心象"已经完整了吧,而你还没有生活在它的里边,你又可能创造出什么样的人物呢?这些由旧传统的艺术思想所养成的习惯,充分说明着旧式演员的"表演"出发点,是以演员的身份在要求"演戏",而不是以"人"的身份在要求"生活"。

我所用的方法，是要求演员从一个人的出发点去创造人物，因而首先要求演员在排演场里消除演戏的感觉：先把演员领入规定情境的整个生活中，然后再把他们逐渐领入他的人物的个别生活中。因此，在我初次排练一场戏或者一节戏的时候，我只要求演员通过假定去设身处地，以一个人的身份去自由地活动。凡是演员认为他自己应该如何动如何走的，他便可以那样动那样走。即以演员的舞台"地位"而言，我也绝不把我事先所设计好了的人物部位指定给演员，我只向他们说："你们自己先走走看吧，走动是取决于人物心理动机的，只要能掌握对了这个心理动机，随便向哪边走，怎么样走，都是好的，都不关重要，因为舞台'地位'和'画面'都是一种现象，现象是次要又次要的。"最初，演员们随便走动，互相冲撞、重叠，互相搅扰、牵制，造成一片混杂。有些人可能感到失望。然而，当演员经过导演的详细分析，经过人物的互相刺激与反应，经过这样的"共同体验生活"而逐渐消失了演戏感觉，逐渐进入了生活以后，他们的冲撞牵制便逐渐减少了，换一句话说，他们便逐渐进入了在现实生活里所存在着的生活规律中，久而久之，他们生活的内在规律，便表现成为外在的规律现象，也便（至少是大体地）符合了导演所预先设计的"地位"与"画面"了。因为导演的设计，也无非是根据人物的性格，和这样的性格在这样的遭遇中所引起的心理活动状态而来的。

　　我此外还用了其他种种方法，来消灭演员的演戏感觉，引领他们进入生活。我这里只再举出一个例子。排演进行中间，我偷偷嘱咐管效果的同志们，把各种音响加大，而且故意要他们弄得特别嘈杂混乱。演员们最初很不习惯，很苦恼，屡屡提出抗议，有人说这种嘈杂搅扰了他们的对话，有人说这种混乱粉碎了他们的情绪。我向演员们提出一个笑话似的问题：龙须沟是一个小手工业区，各种工作的声音，整天混乱地响个不停，住在那里的劳动人民，是不是可以跑出去向街坊四邻们抗议，说这些声音搅扰了他们的谈话，搅扰了他们的情绪，而要求别人停止工作呢？演员们提出这种抗议，就等于承认了他们仍然存在着很强烈的"我是在演戏"的意识，这就证明了他们既未进入角色，也未进入生活。我首先要求演员以劳动人民的身份（而不是以演员的身份），在这种嘈杂混乱的工作声音中间生活下去。随后，我又要求演员能习惯于这些声音。最后，我进而要求演员不再感觉到有这些声音的存在，而照样能工作，照样能思想，照样能谈话，一如龙须沟的劳动人民对于四邻的工作声音那样"听若罔闻"。生活在角色中和生活在环境中，是相互起着有机的启发作用的。

　　我从来不为"舞台画面"去设计演员的部位，而只把人物活动中所自然形成的画面现象，加以调整或润饰。在我所导演过的舞台剧里，画面基本上都是自然形成的，换一句话说，画面都是舞台上的生活所表现出来的规律现象。这样自然形成的画面，我认为比任何人工所造成的画面都更自然、更生动、更美丽。因为我深信不疑：一切艺术与技术的规律与法则，完全脱胎于生活和自然界的辩证规律。脱离生活与自然界的规律而追寻单纯的技术法则，就必然脱离现实，必然毫无生命。比如，我们看秋云在空中那样千变万化地浮动着，是谁给它们摆好的画面呢？那只是自然界矛盾力量在有规律的发展中所产生的现象而已。我们倘若叫行云停住，无论哪一刹那的画面便一定都变为最难看的了。舞台上的画面也是如此。只要人物的思想与情感表现得充沛，只要是人物们的行动产生于内心合理活动的支配，那么，人物无论在内心与外形上，就都是在连续地动着的，就都是绝对无一刻停留的，正如行云一样。只要舞台上的生活是动的，是连续的，是有内在生命力的，舞台上的画面便也就无时无刻不是自然的、生动的、美丽的、有高度艺术性的。这样的画面，即或有时在表面上表现成为静止的，而那正是人物与人物之间的内心情感交流波动得最澎湃、内在矛盾力量冲突得最剧烈的时候，所以，这乃是看上去像静止的其实是最活动的一刹那。舞台画面要从连续活动中去领略。舞台画面的美丽，完全决定于舞台上生活的内在节奏。导演只要能掌握住生活的节奏，能充分表现出这个生活节奏来，舞台上便处处是画面，时时是画面，不需要有任何人工的矫造；所需要的，只是一两下的润饰，因为润饰是艺术品的点睛。

八、怎样创造人物

演员在人物的创造上存在着许多问题。这些问题，得不到适当的解决，便统统表现成为形式主义。一切形式主义的主要根源，当然是由于和火热的生活与斗争的实践脱节，缺乏足够的生活实践，不能正确地认识生活，追不上在迅速发展着的生活，或者对于生活与斗争中的事物缺乏兴趣与敏锐的感觉。有一些演员，不向现实的生活去寻求创造人物的无尽的源泉，所以他所创造出来的人物就没有生命，不是有血有肉的。另外一些演员，生活的幅度不广，对于生活的体验也不深刻，他们的创造范围，于是被局限于狭隘的范畴中——至多只能表演和他们自己近似的角色。又有一些演员，他们停留在以往的个人生活经验中，追不上新事物的发展，他们所创造出来的角色，便成了"已经陈腐下去的现实的意象"的模拟。也还有些演员，政治思想提高得不够，没有掌握正确生活的方向，也掌握不住工农兵的本质，所以只能用自己旧有的意去理解生活，假想人物，因而歪曲了生活和人物，也损害了生活和人物。也还有些演员，他们也懂得应当向生活与群众长期地、经常地学习，也懂得技术应该服务于生活，而且生活的经验也应当说是相当的丰富，可是，技术又怎样才能服务于生活呢，在他们还是茫然的。在这些演员身上所存在着的这些问题，并不是单纯的技术所能解决的。他们需要首先学习《在延安文艺座谈会上的讲话》，要长期地、无条件地、全身心地到工农兵群众中去，到火热的斗争中去，到唯一的最广大最丰富的源泉中去，观察、研究、分析一切人，一切阶级，一切群众，一切生动的生活形式和斗争形式，一切自然形态的文学和艺术，然后才有可能进入加工过程即创造过程，这样地把原料与生产，把研究过程与创作过程统一起来。有了丰富的生活与斗争的实践和经验，才能获得创造人物的原料和源泉，而那些生活和斗争的方式与形式，同时也就是技术的形式和运用方式的根源。

特别是一些生活与斗争经验相当丰富了的演员，如果在艺术思想上把生活和创作方法分家，认为认识了生活，长期地体验了生活，学习了生活，向生活里取得了丰富的、真实而生动的材料，便无论用什么方法都可以创造出活生生的人物，或者运用一些"高度的技术"便可以创造出舞台上的现实生活与人物，那结果依然会犯很严重的形式主义。这就是我在前边一再指出的：他们肯定了生活对于创造的重要性，也肯定了生活是创造的唯一源泉，却没有肯定创作方法和技术的源泉，也还是生活。实际上，恐怕目前也还可能有不少的演员，研究的是斯坦尼斯拉夫斯基体系，体验的是火热的现实生活，而表现这个生活和人物的方法与技术，却还是旧的一套。甚至还有极少数的人，仍在努力把二十九种发声法和工人与小资产阶级知识分子的若干种手势，硬塞进斯坦尼斯拉夫斯基的体系去，作为实践这个体系的方法——这一切刻板的、定型的以及想入非非的创作方法，和那些矫造的、自我陶醉的、由天而降的技术，都是窒息演员已经获得的一点点生活的东西。生活能给演员在现实生活里的实践方法，生活也同时能给演员在艺术创造里的实践方法。演员必须把生活的体验和艺术创造的方法统一起来，才能具体的克服一切形式主义。

所以说，用什么方法来创造有血有肉的人物呢？要用生活的规律所肯定或者所蜕化出来的方式和形式。

导演怎样根据生活在不断发展中所表现出来的规律，运用科学的方法——斯坦尼斯拉夫斯基的体系——来指导他的演员们去创造他们的角色，乃是一个实际的问题，不是空谈所能解决得了的，更不是"提高"旧的一套"方法"和"技术"所能解决得了的。这个实际，就是首先消灭演员们的"表演"的意识，然后叫他们根据对于"表演"这两个字的新的认识，在工作进行中去寻求具体的新的创造方法。

我在整个排演过程中，一直强调着一件事：要演员绝对抛掉他们"是在演戏"的意识，要演员透彻地了解他们的角色创造，是他们整个现实生活实践里的一部分,是把生活中的感性的认识,结合着剧本发展到理性的认识的阶段之后,又通过亲身体验而回复到感性的具体的认识的一种实践。我为什么,像前边所提到的,把排演的过程确定为体验生活的过程,而不称之为"排演"或者"表演"呢?目的就是叫演员们绝对不去意识这是排演,而是在生活。事实上,演员们也必须在"规定情境"里生活、生活、再生活,必须使感性与理性的认识不断地反复地指导他们去实践人物的生活,才能进入生活而创造出角色来。我要求演员在排演场上生活的时候,不要运用任何他们所认为是"技术"的东西。而且,如果他们有意无意地运用了那些东西,或者一些不合于现实生活的人工矫造的姿态和声音,我便立刻引证生活中的实在例子,叫他们知道那是生活所不批准的,马上纠正他们。据我所知道的,斯坦尼斯拉夫斯基一生所最不能容忍的,是演员们在排演的时候运用任何一种违反生活实际的动作和声音。这也是我所绝对不容忍的。我举一个例子来说明吧:你去参加了镇压反革命控诉大会,那些受过反动派迫害的苦主们的控诉,感动得你流泪、愤怒,乃至忍不住要跑过去亲自把那些特务、地主、恶霸狠狠打一顿。这是因为什么呢?除了你的立场与情感已是和人民的一致以外,也还是因为那些苦主们亲身尝过受迫害的滋味,所以他们所控诉出来的言语才那么真实,他们的动作才那么动人。然而,他们是用的什么"表演"方法和技术,才叫你这样受感动,这样要求行动的呢?他们什么方法也没有,什么"技术"也没有,他们有的只是生活。演员在舞台上应该和在现实中是一样地在生活,所不同的,他在现实中是生活在他个人的思想情感与个人的生活环境里,而在舞台上则生活在人物的思想情感与人物的生活环境里。然而生活总是生活。在自己的生活中既然是生活，为什么在人物的生活中便变成了"表演"呢？因此，演员在排演场上，只要稍稍一意识到是在"表演"，他就马上脱离了生活，而成了模拟，他的一切表现便成了虚伪的形式。我们在排演场上总是称排演为"活动"或者"生活"，也就是这个道理。

演员们旧意识里所认为是"技术"的东西，其实只是离开生活所造出来的一套"零件"，是从生活的表面上所任意抓到的一些没有内在动力联系着的"做工"，是一套七巧板。他们认为只要掌握住这些"零件""做工""七巧板"，或者掌握或提高了装配这些"零件"和"七巧板"的"技术"，便可以表现出生活来，创造出活生生的人物来。这是一种机械的观念。必须知道，创造人物的工具，并不是这些"技术"，而是演员自己的心灵和形体。在现实生活里，人类表达内心思想情感的工具，也是人类有生命的形体而不是任何技术，而形体是和内心不能分家的。心里想吃，他才吃，吃这一动作，是内心有机地联系起来的，绝不是人类学会了吃的技术才能吃的。生活只有现象而没有技术。现实中的人物，只有长久的生活环境所决定下来的生活习惯之间的不同，并没有技术的高低。作为一个演员，为什么在现实生活里不依靠技术而生活，却在排演场上的人物生活中要求依靠技术去生活呢？演员在创造人物上所需要的，不是那些表演技术，却是如何摆脱他自己形体活动上的习惯而迅速地接受了人物的生活习惯，如何使什么样的内在思想情感马上能有机地联系起什么样的外在动作与声音。这种训练，我们称之为"基本训练"，而不承认它叫"表演的技术"。因为这种训练是叫演员的肌肉与声音放松而易于受情感的支配，它并不训练出任何形式，所以它不能直接创造人物形象。它只是修理、调整和改进身体条件——创造工具——的一种手段。演员如果有了丰富的生活体验，而又有很好的基本训练，那当然是最理想的。如果他有丰富的生活而缺少基本训练，他所创造出来的人物，依然是活的、真实的、有力的。我从导演《夜店》和《龙须沟》的实践中，得到了一个结论：向生活所寻求来的创造人物的方法与人物活动的方式与形式，是最好的"表演技术"。《夜店》和《龙须沟》的演员，绝大多数都是没有舞台经验和所谓"技术"不够的演员，可是他们所演出来的戏，为什么是一片生活呢？他们又是用什么"表演方法"和"技术"创造了生活和人物的呢？他们的秘诀只有一个：彻底否定并扬弃旧套子的"演技"，而向生活里去找他们每一个活动的现实的根据。他们是以"人"的身份在生活，而不是以"演员"的身份在演戏。

所以，演员们在"表演"上所存在着的公式化、片面化和一般化问题，除了经常地长期地投入火热的生活，随着生活前进，以取得基本的解决以外，演员也还得从自己技术思想上入手，检查自己的创造方法是否正确，看看自己是否还存在"演戏"的意识，是不是已经认识舞台的实践就是生活的实践；同时，也还得检查自己是不是在实践斯坦尼斯拉夫斯基的理论中所用的方法却仍然是旧的一些"表演技术"。必须纠正想用旧瓶装新酒的错误认识，必须肯定只有生活和生活发展的规律是"方法"与"技术"的源泉，才能创造出生活的形象而不是生活的形式。

有些演员，往往没有把"生活于角色"这个理论，通过正确的实践，得到正确的认识，于是总希望自己一下子就生活于角色。这就是没有向生活学到认识与实践过程规律的结果。你要求一下子生活于角色，你可能一下子就知道你的角色是什么样子吗？你的心里可能一下子就清楚地看见它吗？你能一下子就说出你的角色的一切内心活动与外在形象吗？你往往是一下子说不出来的。那么，你所要马上就生活进去的，是什么人物呢？是不是还只不过是一片模糊的、概念的、空幻世界呢？当然是的。角色没有在你心中成形，你又如何去生活在它的当中呢？创造人物的初步过程，并不是一下子生活于角色，而应该是先要角色生活于你，然后你才能生活于角色。你必须先把你心中的那个人物的"心象"，培植发展起来，从胚胎到成形，从朦胧恍惚到有血有肉，从内心到外形，然后你才能生活于它。否则，你所生活的只是一个概念的幻想。这个幻想既然不存在于现实的生活中，你就不得不东拼西凑出甚至是编造出一套动作和声音，来表现这个幻想人物。这结果就是形式主义。

人物"心象"在你心里的出现和人物的创造的完成，都不是突然的。其发展也不是按照逻辑的顺序的。当你的角色开始生活于你的时候，最初只是一点一滴的出现：有时候是一只眼睛，有时候是一个手指，有时候只是他对于某事物的一刹那的反应。它不但不马上整个出现，就连这一点一滴的东西也绝不是按着顺序次第出现的。而且，这种出现还是恍惚迷离的，时而飘忽消逝，时而又闪耀出来。这，作为一个演员，是不能焦急烦闷的。这确是苦恼，但也是愉快。人物"心象"的出现，正如胎儿一样，他会使孕妇焦急、惊喜，但是必须耐心地等待。你必须首先以惊喜忧惧交集的心情，孕育营养这个"心象"的胎形，久而久之，它会成长，会在你的心里具体地完整地展示出来。你的创造——人物的完成，也是同一个道理，同一样的过程。人物也不是一下子就能创造完整的，形象也是没有逻辑的顺序出现的。第二自我在你（第一自我）的身上，也是一点一滴地、逐渐地发展成长起来的；你（第一自我）的因素，也是随着"心象"的形成而逐渐消灭下去的。所以，在排演与创造的过程中，我们不能奢望一下子就能生活于角色，绝不能要求一下子就完全摆脱开第一自我。你还得时时用第一自我和第二自我做比较，时时感到这两者的矛盾和消长的迹象。唯有经过这样的程序，最后第一自我才能完全消灭，舞台上的人物才能成为百分之百的第二自我，人物才能真的有血有肉，而不是形式的堆砌。

每一个演员都知道，演员在舞台上的生活，应该是第二自我的生活，就是说，是剧中人物的生活，所以不应该有演员的第一自我存在。然而，若干导演和演员，往往要求人物完全丢掉第一自我的任何因素，因此便否定了第一自我在创造过程上的重要性。我们必须知道，演员用以创造人物的工具，不是别的，正是他自己的心理与形体。舍掉这个物质的基础，却企图创造出一个人物来，这种思想是很不科学的。第二自我（角色）应该是从第一自我（演员）的身上，发展些什么，克服些什么，而慢慢蜕变出来的，它不是凭空出现的：人物不是自天而降，不是由石头缝里蹦出来的。如果不从演员作为一个人的第一自我的一切因素上，发展其为角色的，克服其为演员的，那么第二自我又能从什么基础上形成呢？戈登·克雷幻想中的超傀儡吗？世界上没有这种东西存在。

可是，许多导演和演员却大大忽略了这一点，否定第一自我的一切，要求凭空出现第二自我的一切。如果那样，演员在创造人物上，就好比种麦子而没有土壤，成胎而没有母体，他就自然不得不逼迫着自己去幻想一套第二自我的内在与外在的幻象，去模拟这个幻象，模拟这个不存在于人间的、没有现实基础的、脱离生活实际的形象了。同时，演员要是全部否定了第一自我的一切因素，他也必然把凡是第一自我所有的东西，哪怕是和第二自我相同的东西，也都否定它们的价值，认为那是不该用在第二自我的身上的。这样一来，就连人间最自然、最平常、最没有特殊性，却又是最生活化的动作，也都拒绝了。他于是不得不去幻想一套没有现实生活基础的形象，来表现他的第二自我。比如，拿用牙嚼东西吃这个动作来说吧，演员自己嚼东西的这种肌肉动作，和第二自我的动作本来基本上毫无分别；可是，假如演员否定了第一自我的一切，他就会觉得自己吃东西用牙嚼的那种方法不能用，用了便不是人物而是自我了。这就等于他否定了任何一个人类都这样嚼东西的方法，却去幻想出一个又似吞又似咽又似口含着一个滚烫的汤团一般的动作。这样，怎么能不是形式主义呢？假如，他幻想不出来什么动作的话，他就不得不乞灵于别人演戏所用的"技巧"，或者自己以往演戏所曾经自我陶醉过的"技巧"了。那结果便是公式化。

把人物创造得片面化、单纯化，也是因为对生活体验得不够深刻，所造成的艺术思想上的混乱，所歪曲了的创造方法。错误的创造方法之一种，是企图一下子创造出典型人物来。

艺术创造中的典型人物，如我前边所提到的，乃是现实生活里同一阶级同一阶层人物特点的提炼，结合了剧本的要求所创造出来的。典型人物不是一下子出现的。它必须从一个阶级的共同性上，从同一阶级不同人物的比较上，发展起他的个性来，才能诞生。在他的身上，有集中了的阶级特质和个人特质（请参阅"怎样体验生活"一节）。如果只单纯地追求典型（个人的特质），而不叫这个个人特质从阶级阶层的性格上发展起来，这个人物不但单纯化、片面化、脸谱化，而且因为它既没有阶级的基础，便终止其为人，更谈不到是典型人物了。现实社会的人物都有阶级性，自然人并不存在。失掉人物的阶级基础，便是超阶级的、现实生活中不存在的人物，因而就不会有真实性和复杂性。

因此，创造角色的时候，演员不应该从只寻找典型，只寻找个人特质上出发，而应该以阶级性做出发：用同一阶级人物的共同特质，作为角色的底子，先创造一个有"阶级性"的类型人物来，然后再提炼生活，集中表现它的个性，而成典型。从阶级类型到典型，是创造的必要过程。譬如：凡是人都得吃饭，而受压迫的劳苦人民大众要想吃饭就得斗争，可是斗争的方式又是人各不同的。所以演员在创造一个有斗争性的劳苦人民的时候，首先要看他是人类，然后在人类的基础上强调他的阶级性，最后，在阶级性的基础上再强调他的个人方式。这样，人物既有了个性（属于他个人部分的），又有了阶级性（属于他同一阶级、阶层部分的），也又有了人性（属于人类部分而无阶级性的，如走路、说话、吃饭的功能），才不会单纯化、片面化。

另外，对于"爱你的角色"的误解，也是造成单纯化片面化的原因之一。许多人把爱字解释成为个人的癖好，个人的偏爱，因而就尽其全力以美化他所要扮演的角色。生活本是具有多面性复杂性的，而演员一经把角色上那些合乎他自己口味、情趣、习惯的，统统强调起来，凡是他个人认为是缺欠的、错误的、不完善的，统统给抹杀干净，那么，人物便缩减成为单调而平板的角色了。如果我理解得不错的话，斯坦尼斯拉夫斯基所说的"爱你的角色"，应该作为"集中注意力于你的角色"理解。唯有集中你的注意力，你才能对于一个人物发生浓厚的兴趣，唯有你发生了浓厚的兴趣，你才能对那个人物发生由衷的恳切的关心，唯有你用全心全意去关切，你才能对那个人物要求深入的分析和透视；你越分析得深入而仔细，你的兴趣便越浓厚，而你的关心和注意也就越集中越恳切，因而你对那个人物的一切内在与外在的形象也就越清楚，越感到亲切。俗话说，"癞痢头的儿子是好的"，那并不单纯是做父母的偏爱，而是他们对于这孩子更注意和更关心，深入而亲切地熟悉他们儿子得癞痢疮的原因，因而在别人只片面地看见是癞痢疮的地方，他们所看见的却是得疮的原因，和这个孩子秃疮以外的其他种种美德。演员对于自己的角色，也应该是以集中注意和关心来引起浓厚的兴趣，不但看出他的优点，还看出他的缺点，而且还给他的缺点找出历史性、社会性、政治性的原因。这个解释同时也回答了"怎样爱你的反派人物"。

企图直线完成人物的行为，也是形成单纯化片面化的原因之一。革命的道路是曲折的，生活的道路是曲折的，一切事物的完成过程，也无一不是曲折的。一切事物既因为内在矛盾的活动力而发展，则它的发展就有不平衡性，也就是说，是曲曲折折向上的，并不是直线上升的。我们的演员，却常常想直线地完成他的目的，而大大忽略了目的完成过程中，内在存在着不平衡发展律。某些演员在舞台上，大自人物性格的完成，小至单位动作的完成，都犯同样的毛病。比如说，一个演员要完成回家去向他妻子发点儿脾气的目的，往往一出场就马上透露满脑门子脾气，连中途遇见一个最尊敬的朋友，也表现出他等到回家以后才该发的脾气。这样，他作为一个人所应有的敬爱、亲切、愉快、欢笑和热诚等等多样的因素，就都被没有曲线地完成目的的创造方法所挤掉，角色便成了单纯片面的乖戾人物。你在现实生活中，总不能因为你出了办公室以后的目的是要回家，便在路上遇见了熟朋友也不招呼吧？即或他招呼你，你也总不能向他说："现在不能和你谈话，因为我要完成回家的目的"吧？实际上，你不是和他一路上走着谈着，便是一起看看橱窗，甚至还要一起去吃一顿饭，然后你才回家。像这样的实例，在现实生活中多得不胜枚举。然而，你为什么在舞台上偏要这样脱离生活的规律，一切都要直线地去完成呢？

"表演"或模拟概念，也是一个错误的创造方法。你对人物认识得不具体，没有进入角色的思想里，不能确切知道人物对于他所遭遇的事物引起什么具体的思想反应，不注意这个思想上反应所连带引起的是什么情感，而只表演或模拟你对于人物思想情感的一个概念，这个人物便很抽象，很一般化。不能把你理性地认识了的那个角色的生活，在排演场上去感性地生活一次，而只集中力量做些概念的设想——从情绪出发去创造人物，你便会把力量集中于对人物做抽象的设想——比如把某个人物只设想是急躁的，某个人物只设想是富于正义感的——那么，你在创造这个角色的时候，就会永远被这个概念所纠缠，找不出人物任何具体的内心活动与外在的反应来，只能时时刻刻在如何表演这概念的急躁或者正义感上兜圈子。这叫作"表演情绪"，或者"表演概念"。人物的情绪，只能随着他的思想活动和具体的反应才产生。情绪是要通过具体的思想与身体的行动，通过一连串的细节，才能表现得出来的。你自己在排演场上的"规定情境"中，如果不是在生活，你的思想上如果对于事物不起具体的反应，你如果不先去行动，却先要求发挥情绪，则你所发挥出来的，仅仅是一般化的"情绪"，所谓喜、怒、哀、乐，这种情绪，既不能区别性格，也不能区别特定的具体环境与遭遇。人物没有个性反应和具体行动，那当然就一般化了。

那么，创造人物难道不要表现情绪吗？难道不应当从它的情绪出发吗？情绪是要的，然而创造的出发点却不是情绪。

我有必要把情绪和情感做一个很好的说明。感觉、情感和情绪是三种互相联系着的东西。我们第一次看见了一个人的行为很不好，这是感觉，也就是《实践论》里所称的片断的印象，或感性的认识。后来，我们接二连三地看见了那个人的不好的行为，于是我们对那个人运用思想去思索，得出一个结论，对他有了一个理性的认识，心里对他就起了一个不佳的观感，这个观感就是我们在戏剧艺术上所称的感情或情感。随着这个情感而来的，是愿望，或称意志。有了这种愿望，我们就想去教育他，纠正他或者指责他，于是，我们便产出了行动。随着这个行动和那个人对我们行动的反应而来的，便是情绪，也就是说，在行动中或在活动中的感情。这种情绪更进而引起我们更多的意志或愿望，因而叫我们产生了更多的行动，行动又引起情感和意志，如此互相作用不已。明白了感觉、感情、情绪的这个联系关系与互相作用，便可以明白从情绪出发去创造人物，是本末倒置的。斯坦尼斯拉夫斯基在《演员自我修养》里一再提到："动，情绪就随着来。"没有行动不可能产生情绪，没有理性的认识（思想和随着思想所同来的情感），又不可能产生行动。所以，心（思想）、情感和意志（愿望），是互相联系而不可分割的。人物的创造，应该从这个三位一体的原动力出发，而其中心，便是思想。人物有了思想，对一切事物才有反应；有了反应，才随之而引起情感；有了情感，才随之而产生愿望（意志）；有了愿望，才引起行动；有了行动，情绪才随之活动起来，也才又引起更多的思想，更多的愿望，更多的行动。一个演员，应该首先考虑他的人物的性格，根据这个性格，体验他在每一件事物的细节上所感受到的是什么，思想上所产生的反应是什么，和意志上所要表现出的行动是什么。先去行动，则情绪便会恰如其分地随之而发挥出来，人物的具体的性格，也才能通过有联系的个别现象而显示出全貌来。

演员在舞台上要用什么样的情绪，才能感动人呢？那应该是斯坦尼斯拉夫斯基所称为"把百分之八十削掉一些"的情绪。因为你如果用到百分之八十甚至百分之百的情绪，情绪反而概念化、一般化。你的情绪里面若带着"百分之二十五"的说服力，情绪却能有感人的力量。这"百分之二十五"的说服力，便是具体的、有个性的、能说明详细事实的因素。可惜斯氏没有给我们举出详细的例子来。我这里姑且把我向《龙须沟》的演员们所举的例子，引来做一个不成熟的说明。比如，旧社会里有一个女人，她从十八岁守寡，无依无靠，全凭自己劳动吃苦，苦度了二十年，好容易才把一个独生子抚养成人，可是不幸她的儿子没有等到解放，就被特务杀害了。她儿子临死的时候，她抱住他的尸体痛哭失声，撞头想要寻死。劝解她的邻居们，虽然也感到愤恨，也觉得心酸，但是由于她这时所发泄出来的情绪，正是斯坦尼斯拉夫斯基所说的百分之百的情绪，所以并不十分地感动他们。因为她这时所发泄出来的悲痛，没有和具体的事物密切结合在一起，比较概念化，不能叫别人从这里得到什么具体的了解，所以感人并不极深。可是，等到她稍稍镇定下来，忍住了眼泪，按下了哭声，一边怀着悲痛，一边向邻居们叙述她怎样和她儿子相依为命，怎样痛恨反动派，怎样惋惜她这个好儿子，并且把反动派的残酷行为详细说个明白的时候，却反而叫她的邻居们听得个个都痛哭起来，愤恨起来，乃至个个都想替她的儿子报仇。这就是斯坦尼斯拉夫斯基所说的舞台上所用的情绪。没有说服力的情绪，是不能说明个性和具体情况的，所以便流于一般化，因此人物也就是一般化的了。比如，在《龙须沟》的第一幕里，程疯子挨打以后，倘若我们只叫他乱叫乱喊一阵，叫程娘子也只在大门口挣扎一阵，大哭一阵，那就成了一般化的情绪，并不能深深地感动人，不能使观众和人物的情绪发生共鸣。必须由程疯子继续用比较镇静的心情，来叙说他的悲愤、郁闷、焦急和亲身所受过的种种残酷的遭遇，才能叫观众的心一步一步地沉重下去，而终于流出泪来。

有些演员对于角色的性格、思想与感情，掌握得相当正确，内心也能与人物合而为一，只是在创造的时候，无论是他自己或是别的人们，总感觉得他的情绪缺少像水流一般的连续，总仿佛像火花似地在跳动，他的心理上总有些空白的地方。这是因为他还没有完全生活于角色，所以内心没有发展成为一条"不断的线"。内心没有这条不断的线，则外形上一语言和动作上，也就是所谓肌肉的活动上——自然也就产生不了有机的连贯。演员善于与别的人物交流和自我交流，内心才能连成不断的线。而和别人交流又和自我交流，就非得在排演场上去生活而不是去"表演"才能做得到。二者，自我交流尤其重要。任何一个人物，对于他所遭遇的事情，内心都必然起着一连串的活动，就连对于最小的细节也是如此。斯坦尼斯拉夫斯基在谈"信念与真实感"的时候，不是举过一个数钞票的例子吗？他得出结论说："足见你的内心对于不管多么琐碎的细节，都应当感到人类天生即有的信念感，才能叫别人觉得你在舞台上所做的一切都是真实的。"我可以把这个例子和这个结论，引到这里来用。你如果在数点钞票的时候，对于这件工作上的每个细节不起内心的反应活动（心与脑的自我交流），你就不会产生愿望与行动，而下一个内心反应也就引不起来，下一个行动也就引不出来。如果你在这一连串的内心反应活动的中间，忽然停止一刹那的自我交流，你便跳出了下意识之门，你那一刹那的动作便成了单纯的形式，那一刹那的情感，便成了一段空白。

许多演员把人物相互的交流实践错了，换句话说，他们把旧的表演方法，用在排演场的生活实践中了，所以这个方法就阻止了他进入生活。他们总是只把注意力集中在对方人物的身上，全神贯注地听着、看着对方演员在如何说话，如何动作，而他自己的内心却停止了活动与反应，成了空白。等对方演员说完或者做完，轮到他自己要说话或者要行动了，他这才开始他的内心反应。而引起一连串反应的刺激早已经过去了，他于是不得不勉强自己去回忆想象刚才的刺激。然而，他这些反应却不是对于对方人物的反应，而是对于自己想象和回忆的反映了，所以就不会真实了。演员到了这个时候，连自己也会感觉到这个反应是不真实的，于是，为要强使观众相信他这个反应是真实的，就不得不努力夸大反应，临时制造情绪。这样的反应和这样的情绪，就必然是一般化的，也必然是形式主义。交流是不应当把你的注意力集中在观察、领会对方的思想感情上的。而应当集中在你自己内心一连串的反应上——对方每一个声音、每一个动作、每一个眼神所连续不断地给你的刺激，都要在你内心引起连续不停地反应。这才是生活，这也才不公式化、片面化、一般化。我们的演员，常常误认为交流就是集中注意力于对方，结果自己脱离了生活，脱离了角色，断了情绪，甚至忘了台词；可是对方的台词和动作，反而记得一清二楚。你永远在意识着自己和别人是在演戏，你可怎么能进入角色呢？你既没有进入角色去，内心既没有不断的线，情感既然总是浮上沉下的，那么，你不但没有希望能进入角色，也会把对方从角色里拖出来。演员如果不能从一开排时就在排演场上遵循着生活实践的规律去实践人物的生活，而用任何旧的表演方法和技术去生活，他在舞台上就永远不能创造出活生生的人物。永远在意识着表演的演员，就永远进不了"下意识之门"，因而在舞台上必然造成三种可怕的结果：一是直接与观众交流，表演受观众的支配，不自觉地便去迎合观众的爱好，而损害了人物；二是"未卜先知"，对方的动作刚一发生，甚至还没有出现，他已经表现了外在的反应,破坏了真实感;三是演上三五场以后,感情便逐渐陈腐,久之竟至于全无感情。许多演员以为感情的不新鲜是感情的量数不能再增加的缘故。可是一定的人物的感情是有一定的量数和界限的,超过那个量数和界限,便不再成为那个人物。就拿《龙须沟》里的程疯子来说吧,疯子的感情,根据造成他这种感情的条件,只能发展到现在所排演成的程度,不能也不应当再叫它增加或发展。否则,说一句笑话吧:演到三四十场以后,这个人物岂不将会把剧场的房顶子都得给拆掉吗?要情感每次都是新鲜的,并不等于增加它、发展它,而是要演员进入下意识去,和其他的人物有足够的交流,就和你在现实生活里一样。这样,演员不但取消了记住对方该说什么该做什么的意识,而且取消了记住自己该说什么该做什么的意识,每天经这样互相刺激与反应所发出的情感,自然永远会是新鲜的,因为演员在舞台上并不是"表演",而是每天重新生活一遍。

九、导演是集体创造的中心

导演的创造力是一个有组织的集体创造的中心。戏剧是一种综合性的艺术,它的本质早已决定了它的完成有赖于集体的劳动。导演不但要和作家的创造力与演员的创造力打成一片,还要和所有舞台艺术工作者的创造力打成一片,才能完成整个的任务。舞台艺术各部门的条件,是和演员的条件有同等重要性的。一个导演酝酿他的"心象"的时候,他可能只去想象出一个脱离特定背景的人物吗?他能像匈牙利文艺批评家凯士特勒举的例子里所说的，创造出一个女工而她的背后没有工厂吗？导演不但要想象人物的性格，人物的思想与情感，还得想象人物怎样生活，怎样行动，生活和行动在什么环境里，生活和行动在什么社会的与自然的条件里。因此，舞台工作者也必须在导演的组织与领导下，参加演剧艺术的集体创造。舞台工作者应该被视为不上台的演员。导演的创造力也应该死在他们里边而复生，他们的思想与情感也应该和演员交流在一起，舞台剧的创造才能完整而圆满地完成。舞台工作者，不是雇佣的技术工匠，而是有思想有创造的艺术家。他们要和演员同样的研究剧本，体验生活，同样的排演。导演对待他们，也应当像对演员一样，同样用启发的方法，引导他们发挥自己的创造性，使他们无论是管布景、灯光、道具、效果、服装、化妆和剧务的同志，都能以小组讨论研究的方式，围绕着剧本与导演的要求，用群众的智慧，创造出具有高度真实感与生活化的表演艺术来。

　　舞台艺术的创造性，目的是为了也要参加表演。法国舞台艺术家鲁舍说："没有表演用场的道具，就没有在舞台上存在的理由。"瑞士的阿皮亚说："灯光是戏剧的灵魂。"英国的戈登·克雷，不但要求舞台上"只有一个头脑"，而且要求装置能表演出生活中的矛盾力量在冲撞着的那种内在现象。斯坦尼斯拉夫斯基说："连一个布景工人，当他钉一颗钉子的时候，都要想想这和表演有什么关系。"这些话，都是要说明舞台艺术在戏剧艺术的创造工作上，是多么重要的因素；因此，落在舞台工作同志们肩上的责任，有多么重大。

　　舞台工作者，这些"无名的英雄"们，是从前一向被人忽视的。

焦菊隐与《龙须沟》

我在这次导演《龙须沟》的时候,深刻地认识了集体创造的重要性,纠正了这个错误,因而舞台工作诸同志的智慧与创造性,大大地得到了发挥,而给舞台剧的演出准备了走向成功的条件。

另外,时常被人忽视的,还有群众演员。以往,不但是导演,就连群众演员自己,也都认为群众演员既然只有一两句台词,甚至没有台词,所以只是主要演员的一个陪衬。群众演员在舞台上出现,成为一群旁观者。其实这是错误的。需要知道,任何一个主要角色,都应当有他的群众性的社会基础,他的性格上都应当有群众性的背景,必须从他的身上看出他所相处的一群人物来,人物才不失掉社会性、群众性和真实性。出现在舞台上的群众,他永远和任何一个角色都是有血肉关系的。他不是陪衬,而是用他的个性来说明那些主要人物的。所以他不是次要的,而是主要的。作为新现实主义艺术的学生的导演,更不应当轻视舞台上的群众的价值。特别是在以戏剧这一形式来实践毛泽东文艺思想,为工农兵服务,歌颂和表扬广大的工农兵和人民时代的今天,群众角色必须受到严肃而细心的对待。

舞台上的群众需要有个性。他的个性就是阶级性。这个群众的大个性里边,包括所有角色(主要的和群众的角色)的小个性——这就是我前边为什么说群众是主要的角色的原因。反过来说,群众的大个性是由许多小个性单位所组成的。因此,群众有他自己的一个大个性;而组成群众的每一个人物,又各有它们自己的小个性。每一个小个性又都必须也必然要和这个大个性有充分的交流;而小个性与小个性之间,又相互保持着充分的交流。这样,群众在舞台上才可以活起来,成为一个有生命的力量。我们《龙须沟》的群众演员，和主要的演员，都同样认识到了这一点。群众演员们也去体验了生活，研究了剧本，确定并创造了自己的个性。即或是一句台词也没有的演员，也都和主要演员同样地在创造他的角色：因此，第三幕第一场才成了以群众为主的一场戏，叫每个主要角色都包括到、融化到、交流到群众的里边，而没有叫群众成为主要角色的附庸或陪衬。这样才充分地表现了劳动人民的大性格。

集体创造的力量是伟大的、无穷无尽的。而导演必须成为这个力量的组织者和中心。

十、结论

为了更好地实践毛泽东的文艺思想，首先要不断地提高我们对马列主义和毛泽东思想的学习。

为了更好地实践斯坦尼斯拉夫斯基的导演与表演体系，首先要通过科学的思想方法，使理论能具体指导实践，而从实践中把斯氏的理论发展成为中国土壤里成长起来的体系，以不断提高新中国戏剧艺术的实践。

唯有认识斯坦尼斯拉夫斯基的体系本身所具有的法则，是完全符合于辩证唯物的规律的，才能把他的体系加以发展，成为中国的实践。

也唯有投向火热的生活，向群众学习，才能保证这个实践。

更唯有依靠集体的创造劳动，才能完成这个实践。

一九五〇年

《龙须沟》所引起的话

我从来不喜欢多说话。等事情做完了,更觉得没有可说的——仿佛觉得:工作做完就够了,还有什么可说的呢?虽然,知道这也是一种毛病,可是"闷头儿不响"已经成了习惯。这次导演《龙须沟》,负责宣传的同志要我写一篇文章,我简直交不上卷儿。看我在排戏的时候还能讲几句,可是要我写写"我怎样导演的","我对于老舍先生的剧本是怎样了解的"……等等等等,我就整个儿没辙了。我想,这种种问题观众都可以在戏的演出上得到回答的。

然而,《龙须沟》却引起想说些另外的一些话,我在导演这出戏的时候,心里有无限感想,现在把它极简略地记录下来。

八年抗战期间,大家在反动派的黑暗统治下所遭受的迫害,是大家都清楚的,这里就不提了。单说说日寇投降以后,我回到北平来的那两三年的戏剧生活,如今想起来还有余悸。在那两三年里,我所导演的话剧《夜店》《上海屋檐下》,新京剧《桃花扇》《铸情记》和《九件衣》没有一次不是遭受禁演到三次以上的,没有一个剧本不是受逼迫着修改到十次以上的。（比如《桃花扇》里，他们指出我不该"侮辱皇帝"，不该叫"妓女骂官僚"，在《铸情记》里不该叫农民反抗地主……）我是不肯修改的。结果呢？另外一套方法来了，最初，是用同样的戏来打对台（如齐如山的剿共《桃花扇》）。人民的眼睛雪亮，他们失败了，我们却场场客满。于是，特务们来要票——甚至强占已经卖出去的座儿。结果天天客满，而实收到的钱数连场租都付不出。

不但如此，他们指使旧梨园界的部分落后群众，对我们"封锁"，全部由特务主办的黄色刊物，一致在攻击，在散布流言，叫你在"社会"上站不住脚。同时，还指使流氓们来敲诈威胁。然而，我还是坚持。最后，反动军队占据了我们演戏的房舍，捕去演职员，不但威迫着停演，而且还要迫害生命。这种种旧日的经历在我看了老舍先生另一个剧本《方珍珠》演出的时候，一一回想起来。这当然不是我一个人的遭遇，也是所有有良心的戏剧工作者的共同遭遇。

可是，今天呢？解放了，人民抬了头，我们能高声地歌颂工农兵，为工农兵演戏；我们能尽情地歌颂劳动人民，为劳动人民服务。像《龙须沟》这样主题正确、题材现实、教育性极高的剧本，能够叫我来学习着导演，非但不再担惊受怕，而且得到鼓励，得到一切便利……这是怎样不同的两个世界！我在导演《龙须沟》的时候，只觉得是一个翻了身的导演，为翻了身的人民，在表现翻了身的人民的生活和他们的幸福。这种高兴，这种振奋，这种感激的心情，只有用"流泪"两个字才能表达得对些。

首先感谢毛泽东主席和中国共产党的英明的领导，人民的胜利，才叫今天我导演《龙须沟》有了可能！同时，要感谢李伯钊院长的正确领导和决定，和老舍先生的卓越的创作，我才有这个学习的机会。

  我们的导演与表演方法是学习斯坦尼斯拉夫斯基的。但我们认为要有机地、有发展地运用这个方法，才是斯氏体系的真精神。倘若我们的演出，还有一点可取的地方，那该说是斯坦尼斯拉夫斯基方法的正确，和全体演职员集体努力的结果。

一九五〇年

焦菊隐与《龙须沟》

《龙须沟》里的舞台人物形象

这一次,北京人民艺术剧院再度上演《龙须沟》,演员们在进一步树立舞台人物形象的工作上,确是下了不少创造性的力量。老舍先生笔下所刻画的人物,虽然还没有十分具体地体现在舞台上,但演员们所创造出来的人物应该说是已经有了一定的基础了。人物的"种子"已经在演员的内心发展起来,或者正在滋长起来。这种"种子"或称"核心",将要继续发展,终于会使演员化身于有血有肉的角色的。

《龙须沟》的演员,绝大部分是生活经验和舞台经验都比较薄弱的青年。从一般的表演艺术水平上讲,他们的成就是初步的;但是,从他们自己原有的基础上讲,他们的成就又应说是很大的。比起他们自己以往的表演来,这一次确有很大的进步,这主要是由于他们的政治热情、钻研精神和对于当前现实的敏锐感觉。在创造方法上,他们是从生活出发的:努力向生活学习,并且结合了剧本的主题思想、规定情境和人物思想性格,体验了生活;同时,他们又努力在试验,如何把体验到的人物思想感情,通过舞台体验,体现成为艺术的形象。

这一次重新排演,导演工作上存在着许多缺点。这些缺点,大部分被演员们的创造性的劳动给弥补了,或者给遮掩了。如果没有演员们这种艰苦学习和努力钻研的精神,没有他们这种集体创造、为整体演出而奋斗的精神,那么,文学作品被二度创造在舞台上的工作,将会受到很大的影响。

演员们在这次工作当中,每个人都有许多值得称道的故事。在这里,为了给观众提供参考,但也为了避免冗长,就让我只介绍几位演员的某一方面吧。

于是之同志是很有前途的青年演员之一。他很细致地创造了比较完整的一个程疯子的形象。从他所体现了的人物上,我们看得见反动统治把心地良善的人们都逼成疯子的罪恶。人物外形是比较典型的;而通过这个外形,我们又可以看得见人物的内心活动。内心活动和外形动作有机地统一起来,是于是之同志在表演艺术上的主要成就。

叶子同志所创造的丁四嫂,性格是多方面的。时而急躁,时而消沉,时而冷静,时而冲动,但整个说来是率直的丁四嫂,是被长期的旧社会生活所折磨成为这样的一个人物。虽然她骂小妞子,虽然和丁四吵架,我们却看得出来,她并不是不疼爱自己的孩子和丈夫。叶子同志所演的丁四嫂,是真实的。解放以后,她那种愉快的心情,从政治意义上讲,也有现实的根据。

程娘子是在全剧中最难扮演的一个角色。旧社会使她不但精神痛苦,而且身体羸弱。但她还强打着精神,为生活去挣扎。如果过多地表现她的感情,过多地表现她内心的压抑与痛苦,则劳动人民的顽强精神就容易被削弱；如果过多地表现她的顽强，又容易给人一种冷酷甚至泼辣的印象。韩冰同志在创造这样一个中年的劳动妇女时，在两者分寸的衡量上，下了很大的努力，人物被恰当地表现出来。

郑榕同志所创造的泥瓦匠赵老头，是一个很可爱的人物。这个人物是一个在解放前正义感很强的劳动者，在解放后，是一个积极分子。像这样的人物，也是比较难于处理，很容易演得干巴巴的。但是，演员不但给了人物以恰如其分的具体形象，而且有丰富的感情。赵老头是以一个活生生的、看得出发展的人物出现在舞台上的。

从杨宝琮同志所创造的丁四的形象上，不但可以看得出他的劳动职业的特征，也可以看得见人物性格的特征。演员在这两方面所下的功夫，是可贵的。像丁四这样的思想情况，和忽冷忽热的，也就是忽左忽右的性格，在现实生活里，在各阶层人民中间，也都是存在着的，舞台人物形象是现实的。

王大妈的谨小慎微，胆小怕事，思想保守，绝不是单纯地由于她生性如此，这是多年遭遇苦难的善良人们对于生活的反应方式之一种。黎频同志在人物的理解上，抓住了她的主要意义，并且创造出一个好劳动而又令人喜爱的形象，这是很可喜的，这也是观众所欢迎的人物之一。

必须特别提出的是群众演员。这一次演出里的群众，除去三个人物之外，完全是由新更换上来的演员担任的。这些同志，由于认识到了演员在整体演出中的责任，在艺术创造工作上所下的劳动，不下于任何一个主要演员。他们做出了充分的准备，进行了一系列的完整的创造工作：分析剧本，掌握主题思想，体验生活，结合剧本规定人物自传，体验人物，结合业务练习进行形象的创造。即或是在舞台上一句话也没有的演员，也都严肃地对待自己的角色，严肃地对待艺术创造。因此，群众场面，才变为生动的、真实的、生活化了的。群众中每一个人物，都能不借台词就叫观众看出他的职业，如赶大车的、扛大个儿的、打铁的、修理自行车的和煤铺伙计等等。

当然，《龙须沟》的演员，表演上并不是没有缺点的，但这已经不单纯是表演艺术问题了。这里边包括更多的是导演艺术的问题。这主要是导演处理得不够妥当。导演，一方面，也和演员一样，限于水平，另一方面，也是未能从思想上把这些地方掌握好，因此没有给予演员以及时的帮助。也正因为如此，所以恳切地要求观众和专家们给予指正和提出宝贵的意见，好让我们在演出过程中逐步改进，进一步做好这个工作。

一九五三年

焦菊隐与《龙须沟》

《龙须沟》创作散记

一、灯光的作用

话剧舞台灯光的明暗节奏、颜色都非常形象、逼真，在帮助演员表现人物，捕捉感觉方面起着很大作用。另外灯光变化会对戏的节奏变化产生不同的影响，灯光变化愈多则节奏愈强，这与其变化的方法、变化的次数、变化的速度直接有关。《龙须沟》第一幕结尾就是要求以舞台灯光急骤的变化、音响紧密配合来加强戏剧节奏，加强戏剧感染力的。这场戏天阴得很沉，滚滚的乌云似乎向小院袭来，压得人们透不过气来。猛然，天空出现利剑似的闪电、天崩地裂般的炸雷，瓢泼似的大雨劈头盖脸地降临了。在暴风雨中，徐六突然跑来报告："小妞子掉进了臭水沟！"此时，丁四嫂被这突如其来的喊声惊呆了，身子险些倒下去，随着一道金线闪划空而过又一声惊雷，她哇的一声哭了出来，同时侧身跑出门去，闯入暴风雨中……在昏暗的舞台上，只留一个特写光照亮程疯子惊呆的面孔……惊雷长久地、长久地从舞台上隆隆滚过，从观众厅的上空滚过，震动着每个人的心弦……幕急闭。这些变化有力地促进了戏的节奏，深刻地揭示主题。排练时除了光的变化速度以外，我特别强调金线闪的形象，这个形象一定要突出，使之像一把利剑刺向这个小院。创造出这种气氛，其目的无非是要表现特定环境中的特定人物，使人物刻画得更加深刻。然而灯光必须用得适度，万万不可喧宾夺主，才能收到良好的演出效果。这幕戏中金线闪的表现力很强，但也只用了三次，都是在戏的情绪、节奏变化最需要的地方。反之，用得不好会削弱表演的感染力。

  舞台美术的各部门要尽可能完美地体现作者的意图，并且要突出作者的风格。对于戏的处理、调度，场面的安排以及布景、服装、道具等各部门，只有通过适当的灯光处理，才能使它们连接、综合起来而且和谐一致。有的戏既有写实手法又有写意手法，需要灯光的配合，才能将二者结合起来。所以在一定意义上讲，可以说灯光是整体演出的灵魂。如果一个戏的演出只用普通照明，就会使舞台失去应有的层次、气氛，该突出的不能突出，布景显得虚假，服装也会失去光彩，整个演出就会非常单调、无味。所以灯光在演出中的作用是很重要的。

  灯光与舞台美术各部门都有着直接的、密切的关系。光与色运用的好坏，直接影响其他部门的演出效果。比如，在经过设计的灯光照明下的服装就更具光彩，特别是历史戏的服装，在富有表现力的灯光照明下，会具有历史时代感，而又不同于历史博物院那种死气沉沉的色调；同时，还能使之既生动、新鲜、活泼而又不现代化。

  如何在舞台上运用灯光应是导演研究的一个主要课题，因为它是一门很深的学问，有丰富的经验和成套的理论。从场面调度、地位安排、细节和舞台气氛的处理，直至形象的创造，只有加上灯光，才能得到饱满而富有诗意的整体形象，导演的艺术构思才能以更完美地体现。只能在这样的情况下，才可以说灯光正确地为主题服务了。有时候演员可以为戏中某一句台词花上好几个小时去练，有时为了一个出场接连排练多次，而布景、灯光的排练同样需要花费几个夜晚，这样才能使灯光照明达到导演所提出的要求。

二、注意观察生活

作为导演和演员，要经常观察别人。我们所讲的生活，当然不是那种有生活，我们是说，必须在深入工农兵生活的大前提下，要养成习惯，在生活中随时观察，扩大生活范围，把一点一滴的生活素材积累起来，概括为艺术形象。

所以，我就锻炼自己时时注意观察生活，从生活中捕捉形象，逐渐通过表面现象探索内在的东西。如《龙须沟》有个群众场面，就是要挖沟时，有封建迷信思想的王大妈思想不通，她认为修沟就要挖地，一挖地就会碰到土龙，就要闹水。当时群众对修沟都在乱哄哄地议论，同时正在躲雨，大家非常兴奋，也很忙乱，正在这时，忽然停了一下，在停的时候就突出王大妈说有土龙要闹水等话。这个艺术处理就是从生活中观察到的。生活中往往有这种情况，就是大家都在兴奋吵闹时，突然停下来，突出了一个人的声音，可是讲话的人还没有觉察到，继续说着，于是大家哄堂大笑；也有时大家都在玩儿，突然停了，只剩下一个人还在那儿又扭又唱，大家就不吱声地看着他，当他发现只有自己在唱时就窘得不得了。《龙须沟》这一段戏的处理，观众都承认，他们感到是在生活中常有的现象，而王大妈也突出了，舞台形象也真实了。

有的同志曾问我如何排群众场面。我从工作的经验中得知，排群众场面，就是要在群众中能见到每一个人，在集体当中的每个人要有个性，不要忽略群众中每一个个体形象。所以我排戏，不仅要求主要角色有戏，对演群众的演员也要求他们一样要创造角色，要设计潜台词，要跟对方交流、适应，就是在乱吵中也要每个人都有台词，思想感情要具体，态度要明确。这也是从平日生活中观察得来的。坐公共汽车，到公园等，都可以搜集到很多形象的素材。这样观察生活，扩大对生活的认识，提高对生活的理解能力，对于导演接到剧本后的形象构思有很大的好处。即使准备工作时间不允裕，也可以借助于平日观察生活的积累，加以联想和补充。

三、形象思维

艺术形象思维活动，大体上包括以下几个方面：

生活的记忆，即情绪的记忆：在生活中的见闻多，感性认识多，在艺术创造中，形象思维就比较活跃。

生活的联想：剧本中的人物是典型人物，在生活中也许有，也许没有；好像见过，又好像没有见过。这就要通过剧中人物的特定性格，结合生活的联想，使人物具体化，形象化。

想象：根据剧本所描写的人物，结合自己的直接生活和间接生活，加以想象。"假使"在构思中是很重要的，要使脑子里的艺术形象逐渐具体，逐渐生动。

总之，是要形象地认识人物，形象地分析人物，使人物越来越丰富，越饱满，而不是把人物搞成概念化和简单化。

导演最初看剧本，不受剧本拘束，更多地从生活中来想，逐渐归拢到剧本的规定情境中来。这样，人物越来越具体，和剧本更吻合。另外，形象思维要多种多样，采取生活中的各种形象素材放到剧中。导演进行形象思维时，对一个人物不能只考虑一种形象，而要想更多的形象，要寻找到对剧本最有表现力，最有帮助的形象。因此，艺术构思要有目的性。只顾形象鲜明，不着重揭示人物的思想是不行的，那样，艺术构思就会走向唯美主义。

导演要知道观众什么地方会叫好，什么地方感兴趣，什么地方不感兴趣，什么时候起哄等。形象思维要具体化，目前在舞台上要完全按照导演计划实现还很困难，要把想象的形象体现出来，有时会受到种种的限制。

所以，导演不仅要深入研究剧本，而且要熟悉演员，熟悉舞台美术，熟悉舞台上的各个部门，知道他们的长处和特点，知道他们的缺点和局限，这样在进行导演构思时才能做到"胸有成竹"。

形象思维不是太难的事，首先要以熟悉生活为前提。有了生活，导演可以有办法加深加厚剧本的基础，要认真仔细研究剧本，找出自己最不熟悉的地方，到生活中去补充。导演熟悉人越多越好，越多越好概括。当排戏需要某种人物形象时，脑子里就会有许多过去熟悉的形象素材来供选择。

在生活里，有时对一个人很熟悉，一下子就会出现这个人最富有特征的地方，这是最可贵的东西。导演光想一般化的形象不行，对人物的内心特征一定要捕捉到。另外是抓人的感情态度，也就是立场。每个人都有他的感情立场，如对某人特别反感，即使是非常理智地说他，也会出现感情的问题，又如对某人特别好感，一提起他很自然地在感情上觉得亲切。导演要是对人物能产生这些感情，就能处理好人物。

剧作家写的人物是从现实生活中集中、概括的艺术创造，在创造过程中，渗透着作者的感情。导演构思中的人物，也渗透着导演的感情。这是艺术的要求。

导演对人物要进行阶级分析，把人物分析好了，就大胆进行构思和处理。我们常常说人物创造得不鲜明，就是个性特征太少。因为个性特征少，共性也难表现出来。导演对人物形象要有态度，创造者的态度。这跟演员的创造不一样，演员分析人物、理解人物、体验人物，然后自己表演出来。导演不能这样，因为导演不表演。但是导演有可能通过艺术处理表现自己对人物的态度，这和导演如何选择艺术形象有关。

导演的形象构思，不能只有一个人物，应该有很多人物，然后加以集中和创造。一个人物要有多方面的形象特征；导演没有态度，就选择不好。

考虑一个人物要多方面想，寻找人物形象的多方面特点。哪种形象和剧中人物接近，就可采用。我排戏时，脑子里对每个人物有各种形象，有时可能出现在台上，有时就体现不出来；有时构思有，但碰到具体演员就没有了。这和分配角色很有关系。有时是导演构思不对，有时是导演的构思和演员的构思碰不上。

我们在构思人物形象时，不仅要从生活中想，有些还要从舞台技术方面想。人物形象的创造，要结合人物生活的环境，这就联系到导演和舞台美术设计者的关系。导演要考虑人物时，首先要考虑到人物活动的客观环境。这人物是站在楼下，还是坐在屋里，还是在车间里等等。有了特定的环境，人物就容易具体。任务的思想环境是和客观世界互相作用的，这在导演构思中很重要。有些导演不抓舞台美术设计，结果，导演构思是一个样，而舞台美术设计者设计的是另一个样子，那就麻烦了。所以，导演在进行构思时就要把人物活动的具体环境设想出来，把导演艺术处理的意图告诉美术设计者。

另外，自然界和各种环境都能影响人的心情：有的人在高兴的时候，不管什么声音都爱听；人在痛苦的时候，就是一点小声都能引起烦恼。所以，从生活的不同环境中和特定情境中，都可以考虑舞台的灯光、色彩、气氛和人物心情。如下雨天和晴天，人物的心情就不一样。我有时构思环境，就是从人物看到什么，感觉到什么，由此而想象到人物形象。

比如《龙须沟》的程疯子，当念到表现内心痛苦的快板时，和院外穷老婆子叫卖破烂的喊声发生共鸣，使院里院外连在一起，让观众感到这里是一片穷苦人的生活景象。演员也通过这种自我感觉来寻找程疯子的具体形象。

导演要反复从观众的角度来感受舞台上发生的一切，并以生活的真实来检查自己的艺术处理。导演心中必须要有观众，舞台的形象一定要使观众能懂；通过个别理解一般，理解本质。

四、导演计划

导演的计划是根据剧本、生活，还得结合舞台技术。导演有了形象构思，才能制定计划。我做导演计划时，先把每幕每场戏的主要矛盾抓住，才去处理人物关系、生活环境、调度和台词。不是重要环节的地方留给演员去搞，因为演员也能理解和处理。有时排演时间短，一个戏从头到尾做计划也来不及，所以，一定要抓住主要的先排；不重要的让演员自己去完成。导演计划在主要环节的地方可以分段命名，要在排练中不断修改、补充。

有些青年导演，一排戏就把计划和分段命名全做了，但是很刻板，抓不住重点，抓不住矛盾，不能集中力量来攻坚。在做计划时，不要花很多心思去考虑剧本的体裁、样式、风格等问题。我的习惯是，只要知道剧本大体上是更接近于现实主义，还是更接近于浪漫主义就行了。排戏时，导演大致掌握剧本的内容和作家是怎样反映生活的，了解作家的思想、感情、态度等等，然后根据生活真实，朴素地去进行创造，等戏排出了以后再进一步搞清体裁样式，并进行艺术加工就行了。

导演风格更不要去谈了，它太神秘。当然，导演应该有雄心大志，将来要建立自己的风格。事先确定风格也很困难，我没有给自己定什么风格。风格有三种因素：思想、个性、艺术性。风格就是人格，就是创造者的性格，创造者的思想、个性、艺术性等。同样是反映生活，由于创造者对生活的认识不同，理解不同，各自的艺术表现也就不同，因而会有各不相同的风格。我们讲的风格，是在思想、个性、艺术性三因素成熟时期出现的。

我们要使剧本的体裁和样式有利于放映生活，而我们今天的生活并非那些套子能容纳的。按生活排的结果，是什么体裁就是什么体裁。导演的创造方法也要考虑，哪些手法更好使，也要明确一下。我排的《龙须沟》有争论，有些外国朋友认为它是自然主义的，我不太同意。这个剧本本身需要什么方法来表现呢？现代戏基本上都以现实生活为基础，更需要现实主义地来处理。

革命的现实主义和革命的浪漫主义相结合的创作方法，是以革命现实主义为基础的。世界上很多艺术流派，凡是脱离现实主义的，都是不会长久的。第一次欧战以来，艺术上出现了许多流派，如新浪潮派、现代派、唯美派、印象派等等。它们在一定的气候下风行，但是过后就烟消云散了。而布莱希特能够站住，就是他有强烈的战斗性、现实性、革命性。

我们剧院分析剧本时，是我先提出意见，然后由副导演和演员在一起讨论。在大家讨论的基础上，由导演做初步小结。以后就把舞台美术设计、制作、绘景等同志请来，把分析剧本的小结告诉他们，给他们提出要求，使他们的创作思想都活跃起来。他们所想的积极意见也补充进导演的构思。

五、引导演员进入角色

用形体动作来启发，是我经过几年摸索的。形体动作一定要结合体验去做。《龙须沟》里有一个蹬三轮车的丁四，是劳动人民出身，但带有小市民和流氓无产者的色彩，拉了三块钱就一顿喝光，没钱就干瞪眼。他的生活决定他的意识和习惯。当时有个流氓欺负人，而丁四就要去打流氓，这是不合适的。丁四这样一个人不可能直接打流氓，但对流氓也不可能不抵抗。结果我考虑了很久，没让演员采用打流氓的处理，只是骂骂就够了。这个人物只能做到这种程度。这说明，导演不仅在计划中要有形象构思，就是排戏时，也要根据生活帮助演员做适当的艺术处理。

六、话剧向戏曲学习

戏曲有很强烈的节奏感，这种节奏感是从人物出发的，我也学了一些。《龙须沟》第一场，程疯子发疯了，程娘子劝他，而他不听，疯得越来越厉害，跑到了门外。程娘子大喊一声，疯子就一下子停下来了。这时候两人谁也说不出话来。一个停顿后，程娘子过来看，疯子愣住了。程娘子赶快过来，擦着眼泪慢慢地劝疯子。这段戏开始时是快，紧急的。经过一个停顿之后，她再安慰疯子。按照生活，把人物基本的东西找对了，那种紧张，靠停顿也就出来了。戏排出了之后，再看看哪儿紧，哪儿停顿太长，哪儿速度太快，进行适当调整。

排演《龙须沟》焦菊隐致副导演及其他工作人员的信

（1950年至1951年）

一

金犁同志：

第二幕改起来又是相当费事，可能要到星期一才能改完。同时，星期一（二十日）出版总署有一个重要的会，我必须去，所以，我想把日程稍稍更动一下，可以吗？想更动的日程是这样：

1. 星期一上午八时以前（或以后均可），请派人来取第二幕改稿。当日上午大家读一下，讨论一下，抄一抄，并将意见提出。如果下午能提出意见，星期一晚饭后请送来。如果来不及，即不必送。

2. 星期二下午二时半，我再去和大家开会讨论。

3. 星期三下午二时半去排第二幕第一场，及细排第一幕第二小段（由疯子上场到刘巡长第一次出现的下场）。

以后类推。

又，这次排戏，有一点是很大的困难。我们用的方法和许多演员历年所用的方法不同。自然我们帮助得不太够——使演员们先或多或少掉进角色中去（只有刘巡长一个人有了一点意思），而演员或因临时更动，体验不够火候；或因习惯了非有地位无法排戏和背台词（"成为自己的话"的背法，自然不是戏中所要求的读法），因此，现阶段，便出现了"青黄不接"的现象：演员要求地位与"读法"；导演要求继续做内心活动的排戏。因此，演员觉得这样排太松懈。但，不必着急，经过第一幕这么摸索（一方面也迁就演员些），等到地位与词都熟了之后，再慢慢地加戏，演员自会满意而且觉得很自然了。这一点你和瑨如的心中必须有把握。要有坚定的信心。

个别演员，需要个别"教练"，如娘子、小妞子、嘎子、狗子、赵老、二春乃至四嫂和大妈。个别研究是很重要的。

咱们的排戏日程，必须在第三幕也改好之后才能正规化起来（这次排演日程，大大受了剧本修改的影响）。到那时，分段、分场、个别排演、效果排演、道具……排演，都可依限定的日程排出。而实际上，唯有到了那个时候，"我们的"演员，也才真正到了够用"斯坦尼体系"排戏的边上——这句话不知是否说得使你能够了解？（演员到那时，才能因我们这些日子叫演员在台上自己走动，自己找地位、找联系而在内心把角色活动起一点、培植起一点来。否则这工作他们自己是无习惯去单独做的！）因此，我们现在的工作，等于仍是帮助演员做体验的工作，而到那时，我们才开始排戏。

这一点，必要时可向演员们解释，但不必正式提，提出反而无用，也许破坏了我们的作用——演员一知道这个方法，便又"有意识"地等待导演排戏了。不说破，他们以为是在排戏，所以就受着以前习惯的支配，拼命去体验、理解、表现他的角色了，这样才能掉进去。等他们掉进去之后，我们再宣布正式排戏的开始。

本来这办法不想说，但，恐怕你在中间因受窘而苦恼，所以必须告诉你与琯如。

余再谈。即致

敬礼！

焦菊隐
九月十八日晨

又，第二幕，演员如已有意见，乞随时在星期日以前（星期日夜间都可以，因我星期日一定又得打一个通宵）送来，以便参考修改。

又及。

二

金犁同志：

昨天你来找我，我正到学校去补课，晚上又有会，今早又有课，所以未得给你打电话。老舍先生的剧本，尚没有得到回话。今天本预备去找他，但下午学校又有会（正是工会改组），明早有课，但明日上午打电话给老舍，下午去看他。他的剧本如已改好，下星期可开排；如未改好，则下下星期也一定要排。那么，如下下星期排，则下星期演员们的工作，即是"根据（暂时）原剧本第一幕（如第一幕无戏者即第二幕）具体创造、研究自己的外形与动作，以便在排戏时尽量拿出来用"。

老舍先生的剧本，如本星期内改好，似乎也得下下星期开排。因为弟个人也有修改的意见加入；副导演、队长、演员及创研室也需要再参加修正一下。所以，下星期才能把"可以根据着排"的剧本弄好。因此，下下星期开排是事实上可能与必要的。

第一幕的装置及平面图，请江里同志弄好，于本星期六或星期日送弟处，以便具体计划排演的一切。你我的见面，则以下星期一为佳。

一切情形如何决定，我明日见完老舍先生，即马上送信给你。匆匆。即致

敬礼！

弟

焦菊隐 上

一九五〇年十月十七日

三

金犁同志：

你的信收到了。演员们的意见，大部分都是宝贵的。大家把台词分析分析，读读，有我参加，我是赞成的。最好在下星期一上午九时（三十日）。你们可以不可以，请本星期六告诉我（你

来的时候)。

设计图即未弄定,第一幕地位即无从排,也无法设计。本星期我即弄第一幕的"修正"和揣摩情调,等到设计图确定后的一个星期,我们开排。星期六希望能和你见一面。

下星期和大家共同研究一下第一幕,在研究第一幕时,可以谈谈单位与目的。读完,然后再做此一工作。

匆匆先复你,余面谈,即致

敬礼!

弟

焦菊隐 上

一九五〇年十月十七日

附:金犁原信

焦先生:

今日午后大家谈了一下这一周的工作计划,并将已修改好的第二幕朗读一遍。演员们对修改后的第二幕都表示满意,认为比以前充实多了,唯仍稍觉第一幕气氛不足。通过介绍臭沟所带给人们的灾害,看出旧社会黑暗统治的结果,描写解放前阴天下雨时沟里臭水往院内屋内灌进来,给人印象应再强烈些。第一幕结尾可否于阴天、打雷、骤雨声中传来小妞子死讯,幕急落好些。

最后演员们对第一幕舞台设计图提供一些意见,均认为原稿似尚未达到焦先生要求程度:

1. 估计北京剧场条件限制,距离、尺寸一定不合要求。两旁四个门,好几个窗子,中挤不下,东西摆不上去。

2. 现有舞台深度不够，布置出院外高大瓦房衬景容易使人看出假来。（这点可以设法克服。）

3. 中间大门看来别扭。

4. 莫若试从一个合适角度取景，以显示为大杂院。

其他意见：

1. 单元与目的分析工作是否需要做？何时开始为宜？

2. 王大妈职业是否确定为焊镜框？

3. 二嘎子演员是否显得大了点儿？

4. 巡长于第三幕茶馆一场说话稍嫌说教，有点勉强，是否可将那一长段意思化到其他人物身上分担，变成日常谈话？

（不知第三幕现在怎么改？据闻龙须沟现已提早完成填沟计划，快将沟填平，马路亦开始修筑了。这些新的情况可供参考。本周演员拟请工程处熟人谈谈修沟经过。）

据院部负责人谈，现已另派出两位同志帮助江里一道完成设计，方式各拟一稿，由焦先生选择。明晨发动去龙须沟熟悉环境，故今日未克前来，特此奉告。

专此。敬祝

安好

金犁　拜上

十月二十三日夜

因舞台设计其他人选迟些，势必延后一二天时间，焦先生认为是否有影响？盼赐回信！

又：演员提出，若拟于下周开排第一幕，本周内是否可抽出一个时间,由焦先生主持将第一幕剧本再详细分析讨论一下?是否必要?时间以焦先生方便为原则。

四

金犁同志:

  今晚你们派人来问,明日院中放假,可否休息一天。我现正修改剧本,可巧也没有修改完(正在大改),所以明天大家休息吧。后天一大早(星期四),请派一个人到我家来取剧本,后天上午大家抄抄,星期四下午好排。我改得相当多,要加人,先从群众里选好了。又,孙二娘一类的那个人,可否由吴淑昆(原B)去演呢?匆匆。即致

  敬礼!

焦菊隐
一月二日晚八时半

五

金犁同志:

  我费了两天一夜的工夫,把第二幕改出来了,你们看一看。虽仍极不满意,但已无更好的法子(时间太仓促了)。我想,今日(星期四)下午大家抄词念词,我去一下,讲几句话即回来改第三幕。明日(星期五)上午下午赶排第二幕,星期六上下午细排第二幕,星期日半天不放假如何?排第三幕。争取时间,(本周日程只好

如此稍变一下了！）匆匆。即致

  敬礼！

焦菊隐
一月四日晨

六

金犁
琯如 同志：

  得来示，敬悉一切。第二幕已改好，请大家研究，并提出意见修改，第三幕明日（星期日）动手，大约一夜间可以赶出来。

  下星期的排演日程，打算这样：

  八日星期一下午排第二幕

  九日星期二上午温一、二幕

  下午温第二幕和第一幕

  十日星期三上午温第二幕

  下午温二幕

  十一日星期四下午连排一、二幕

  十二日星期五上午排三幕一场

  下午排三幕二场

  十三日星期六下午连排第三幕

  服装拟第二幕改为春末夏初，请你们斟酌一下。这样二幕不必两季了，服装用费可以省一些，但预算不可打得太少，以免临时再有变动。

这次戏，我负拖延的责任最大，主要是因为修改剧本，而剧本却始终未修改好。我很对不起演员，希望大家多努力，以补此一缺点。

手已写得痛了（连日二幕经两次修改，一共写了约三万字），所以剧本的字很潦草，好在台词演员均熟悉，所以大家仍可以看得出是什么话。

匆匆。即致

敬礼！

焦菊隐
一月六日夜半

丁四的头发问题，不很严重，因三轮车夫有小平头、小背头，也有光头。但赵（老）头似非秃头顶不可。疯子发长快及肩，而狗子似以平头为妥（因已无月亮门）。

七

金犁同志：

下周日程表，完全可以照行，无变动。唯昨天我回来，才想起二十二日（星期五）下午有事，赶巧二十二日下午是整排第一幕，我想由你来排可矣。怕你有早一点知道的必要，所以先告诉你。即致

敬礼！

焦菊隐

一月十七日上午

八

金犁同志：

排演日程草稿奉上，请将漏掉列节补上。尤请注意：1. 哪一场特别应多排而弟漏掉者加上去；2. 演员自动要求多排者，加入；3. 演员间彼此应多加联系、准备者，可酌量定在晚饭后。

舞台工作日程表完成。在大楼排演时，布景完成后搭上去。灯光可用聚光，至少主要的光线要有。化妆早日练两三次，好更改，大家好提意见，同时，演出时也可熟悉。演员多几次服装化妆，手脚及心里均可熟练些。凡此均极有必要。

舞台监督在全部整排（即有灯、景、光时）即开始练习执行职务，以熟悉情形，以免临时手忙脚乱。

这样，到演出前一天，大家可以好好睡一觉，玩儿一天。演出当日上午大家开一个茶会，鼓励一番，精神愉快地去演戏。行政检查三次，老舍先生二次，为必不可少。

提前装台，在台上排演亦为必不可少。争取剧场，出电费可矣。匆匆。即致

敬礼！

焦菊隐

一月二十三日夜

九

金犁兄：

　　前函未得复，谦甚。弟近日又忙起来，相当讨厌。那一次早晨排戏的经验，很不好，必须细谈一下，再定办法。可否请兄于本星期六（三日）上午到舍下来谈一次？（弟明日星期五要到中央戏剧学院去做报告。）如能来，请再带两份油印的剧本来（即上下留着空白的那种），以便改正演出本。胡浩等如愿来谈，也欢迎同时来。余再谈，匆匆（即去上课了）。

　　即致

　　敬礼！

弟
菊隐
三月一日晨

十

金犁同志：

　　弟今日下午去看《这就是美国生活方式》总排，刚刚回来。幸而你们下午没有来，否则必扑空。

　　稿子我明日送去。明日我下午可能到院中。第三幕尚未改完，明日可改完。唯三幕二场原稿未送来，祈速交下为感。

　　彩排可在三十日上午。唯修正排演须在二十七、二十八、二十九三天，至少要三天下午。因为修改后要好好排。

梅阡我不熟悉，请做编导之事，可请于村兄做主，请转告。余再谈，即致

敬礼！

弟

焦菊隐

三月二十日晚七时

十一

金犁同志：

我忘记今天下午是不是话剧团朗读《一家代表》了。如果是今天下午读，我想参加去听。那么，下午的排《龙须沟》就要改改日子。同时，参加土改工作的人，是否还有可能排戏？《龙须沟》是否得等到土改归来以后排了？这一切请考虑。所以，我以为，与其现在只排一次而马上都参加土改去了，不如索性连这一次（即今日下午）也不必排了，等回来以后再说。你和琯如以为如何？你二人商量一下，然后以你们的决定去请示于村同志一下。

我上午在师大上课。中午在庆林春，文联请客。下午二时半回来（四十六号），请和我联系一下。匆匆。即致

敬礼！

焦菊隐

十月十日，星期三

十二

舞台监督：

  我最近发现有个别演员，错误地理解了"再创造"，认为意识地临时添加些或者减少些台词和动作，是情感的发展；又有些演员，完全脱离了角色，在台上说些与戏无关的话，甚至开玩笑；也有个别演员，在后台或候场的时候开玩笑，讲笑话……这都是摧残自己和别人创造角色的习惯，希望你向演员们提出，要求大家建立演剧道德——对于艺术事业的无限忠诚。我所说的这些情形，并没有发生过多次，更不是在很多演员身上发现。但是，即或是只有一次半次，也都应当立即停止的。希望演员同志们能同意这个意见，并且互相检查。

  此致

  敬礼！

导演
焦菊隐

十三

胡浩、家瑞两兄：

  得到你们两次信了，因为近来又忙起来，所以没有即复，请原谅！

  你们太客气了。实际上这一次的文字宣传，做得比哪一次都好,这都是你们的努力和辛苦的结果。

  《人民戏剧》也派了人到我这里来,要导演的经过和台本,我也已答应。不过这两样东西我都没弄好。那篇打算写一两万字的文章尚未动手。因为明日早晨要到中央戏剧学院去做报告(是去年七月里许下的债务,现在非还不可了),同时在明后日必须交给《北京文艺》一篇稿子(也是拖延到最后限期的),所以那篇长稿(一定交你们转《人民戏剧》)至早在下星期一才能动笔(好在《人民戏剧》三卷一期要迟一些时候出版的)。导演本的剧本,大约星期一可以改好第一幕。

  请将现在油印的剧本(即上下留出各三分之一空白的油印本)再找出两份,本星期六上午托金犁同志带来(我约他本星期六上午来,如果你们愿意来谈谈,更欢迎;那天也许有人民电台的人来)。你们前者送来的资料,星期六可以带回。

  马上要去上课,匆匆即复,并致

  敬礼!

弟
焦菊隐
三月一日

十四

世荫

胡浩 三同志：

蒋瑞

　　送上三样：

　　第一幕抄写本，由二十六页至五十四页，错字均已改好，请将其余复写本照此改过，将一份送《人民戏剧》。

　　第一幕中间疯子一场的改正本，单独复写几份，留着自己排戏用。

　　第二幕一场已改好，请即日复写，写好后交我改过，一份送《人民戏剧》。

　　又，第一幕原稿请保留，作为排戏资料。复写本全份（全剧）给我留一份，以便排戏。

　　全剧二十号以前一定改好，放心。匆匆。即致

　　敬礼！

弟

焦菊隐

三月十三日

十五

胡浩兄：

　　郑榕兄的文章，弟已看过，改了两页作为例子，请你们帮助他拟大纲，再重写。告诉他：写文章和演剧一样，要舍得"割爱"。啰唆的、庸俗琐碎的、无原则性的材料、美的字句……凡不能助长主题的发挥的，无论自己觉得多么好，也得忍痛割掉。不要觉得自己的意思太好，而且样样都好，就一齐堆进去。匆匆。即致

　　敬礼！

焦菊隐
三月三十一日夜

十六

胡　蒋瑞 两兄：

　　奉上最近一批《龙须沟》资料，都是征求同意上演剧本的，其中有一两封信中尚有照片及说明书等。请均编入整套资料中。又，此剧全部文字及照片资料请速整理好编订成册，以为永久纪念。

　　敬礼！

焦菊隐
十月十五日夜半

焦菊隐与《龙须沟》

焦菊隐致于是之、叶子的信

（1953年重排《龙须沟》时，导演焦菊隐给演员于是之、叶子写的信）

是之、叶子两位同志：

　　十一月二十二日下午，在中国戏剧家协会演员俱乐部召开的座谈会上，对于《龙须沟》的演出，特别是对于导演艺术和表演艺术，提供了许多宝贵的意见，是值得我们仔细研究、逐步设法改进的。其中有一部分意见，是因为大家看的是十二号的彩排，所以那些意见中所提到的某些问题，现在在演出中已经早不存在了。也还有不小的一部分意见，是没有从生活出发的，也值得我们好好分析辨识。

　　在目前，我国的导演与表演工作上，还存在着相当大程度的形式主义、概念化、公式化的倾向，并且需要长期地、大力地、相当艰苦地去克服。同时，我们也必须认识，在我们的批评者们中间的形式主义、概念化、公式化的思想残余，同样也没有被肃清，而且常常起来作怪。因此，在我们克服自己的形式主义、概念化、公式化的表演的斗争中，也应同时向有形式主义、概念化、公式化倾向的"意见"做斗争。

　　艺术的道路是艰苦的！我们必须走最艰苦的道路。走向社会主义现实主义的道路，是不易的。一方面，要克服自己的创造思想上的基本缺点和错误观念，要学习正确的创造方法；而另一方面也必须懂得坚持正确的，反对不正确的，为拥护和坚持正确的而宁肯一时遭受不正确的意见的指责甚至攻击。这才叫战斗，这才叫忠于艺术。

　　走向形式主义，为了个人一时的得失，为了个人一时的受恭维或受贬斥，而投降于有形式主义倾向的意见，是最容易走的道路；但也是摧残艺术的道路！

　　在那天的座谈会上，有几种意见是具有形式主义倾向，不从生活出发，只从技巧表面出发，和流于概念的不正确的意见，其中主要有以下数点：

　　一、要求丁四嫂不用哑嗓。（但对于丁四嫂的多面性的性格尚不十分满足的意见，是对的——然而，这不等于说，把丁四嫂急躁的一面全部削弱，成为今晚所演的这样。这样演，是接近程娘子而不是丁四嫂了。）

　　二、要求每一句台词完全听得清楚。（要求演员把每一句台词清清楚楚送进观众的心中，是对的。但，他们的意思，是要演员再大点声音，那结果就势必使演员不顾人物的思想感情的状态，不顾规定情境，不顾气氛情调，而专事大声狂吼——如今晚这样！）

　　三、要求程疯子在二幕一场出场时，看见疯子的面部表情，要求灯光"照明"。

四、硬说三幕一场"过于生活""与主题无关"。

五、说程疯子的职业性动作太多。

听取群众意见，我们要耐心、虚心，但对于其中戕害艺术的部分不正确的思想，企图把我们拉回到形式主义范畴中去的思想，我们虽受严重的批评，也应该坚持到底，一切在所不计！

问题是：为了维护艺术，为了达到正确的创造途径，我们是宁愿蒙受"不虚心"的批评呢？还是为了个人一时得到"虚心"的虚名而毁害了艺术呢？

我今晚看了戏，觉得是之和叶子的人物形象大大走了样儿。尤其是丁四嫂的形象，开始和程娘子混浊了。为什么把声音变得那样尖、那样亮、那样柔呢？丁四嫂宛如一个风未吹过、雨未打过、毫无忧虑、吃得壮壮的女人。只是因为她懒，或者因为她好赌、好吃、好什么的，才把日子搞穷了而穿上一身破衣服的！这里看不出反动政治的压迫，看不出四嫂是怎样苦的劳动的人，看不出她是一个被精神与物质的苦难所煎熬成为嗓音像破砂锅一般的人来了！此外，今晚的丁四嫂，处处是柔情，看不出这一个直爽但又没有涵养的女人的挣扎劲儿来了。我所看见的，只是演员在力求美化她的人物，以致甘心放弃了她的表演的政治任务！

程疯子在许多地方，也和丁四嫂一样，大吵大闹，高声"演戏"，把二幕一场念叨小妞子一段台词，处理成为朗诵式的独白——十六世纪的表演！是之同志竟忘记了你演的程疯子是在半夜走出来，不肯惊动任何人，怕吵了任何人的觉，而偷偷出来一个人小声叨念的。我看得出来，是之和叶子同志今晚的表演，都是在讨好几个少许的提意见的人,而在欺骗广大的观众。今天,作为观众之一的我,是忍受不了这种也可以说是欺骗也可以说是愚弄的!我要不顾情面地向你们抗议——因为你们忘记了你们是艺术家。

我记得,斯坦尼斯拉夫斯基当初在二十年的长长时间内,被形式主义者攻击为"自然主义者",被形式主义者讪笑、辱骂,他们甚至写出文章来进攻。我还记得他在排演《海鸥》时,有一场戏的灯光,因为观众不但看不见演员的脸,而且连剪影也看不清,又因演员的声音微弱得第一排的观众也听不清,便被耻笑,被引为笑谈。但是,这些批评家,要求一字一眼地听清,要求任何情景都必须把舞台照的亮亮的,他们是从生活出发的吗?是从人物本身出发的吗?是从主体思想出发的吗?不!同志!请想一想那是从什么出发的吧!

我们为了使这些人满意,难道就得把长年痛苦所折磨成为沙哑的声音,变成美丽尖亮吗?我们就得把人物演得性格模糊吗?我们就得把酸痛与愉快交错的心情,演出高声朗诵的独白吗?我们就得因为我们演得一两处太过火而把整个人物改变了吗?我们就得把黑夜变成白天吗?我们就得把三幕一场的生活取消,使满台的人物变成一座无风的枯树林吗?我们就得因为十二日部分效果搅了台词而把全部效果取消吗?我们就得把疯子的一切动作都变成另外一个"既不像英国人又不像希腊人,而像上帝不在家时他的仆人所造的一个人"(莎士比亚语)吗?

假如我们有一两句台词没有叫观众听清,而能把人物性格、人物的内心活动与外在情景传达到观众心中,我们为什么一定要提高了声音而牺牲那内心活动与外在情景的传达呢？自然，我们是要求既要传达内心与情景又要使观众字字听清的。但，假如我们演员的声音训练没有基础，我们只能在"或者是传达人物内心与外在情景"与"或者只为叫观众听清而牺牲内心与情景传达"这二者之间选择一样的话，我认为演员是应当宁肯自己挨"有几句台词听不清"的骂，而不肯牺牲人物的刻画的。但，现在，亲爱的同志们，你们做的恰恰相反，你们是在成全作为演员的你们自己而牺牲人物。因此，即或你们因为我的抗议而向我绝交，我也要向你们一直抗议下去。因为你们是艺术家。如果只为了怕你们自己受少许（专家）的指责，请公开而又大声地宣布，"这是导演叫我如此的"吧！我愿承担一切。

台词不能完全叫观众听见，是我们的一个大缺点。但，问题并不在提高了嗓子去喊，而在你如何吐字有力。哑嗓不为少数观众喜欢，只是因为这个少数观众从未看见过受苦到这种地步的活人，而只为了单纯的美，为了悦耳而要求演员的。丁四嫂暴躁以外的另些方面没有更好地表现出来，并不是说，原有的一切都不好，而是说，多面的部分不够，或者说，过火的地方不在因为有了暴躁一面，而是有些地方内心活动远远弱于外形。问题在于如何充实内在的情感，而不在如何换一个式样去演。像今天晚上这样，即或换了一个式样，内心反而更空虚了。

另外，我们有一个公约在后台，那是我们的纪律。你们也把斯氏的格言贴在墙上，但你们没有去实行这神圣的公约。斯氏说：一切纪律。目的不是为了我们共同弄出一个纪律，而主要地是为了艺术，为了创造的艺术目的。换句话说，凡是违反纪律的，就是破坏艺术，破坏艺术创造！你们从昨天起，不经与导演研究而大大改变了艺术形象，是对于斯氏的话再好也没有的说明！也是一个严重的错误行为！你，是之，一位共产党员，你，叶子，一个为人表率的先辈演员，你们是怎样做的呢？是叫别人和一切青年都跟你们效法，来破坏纪律呢？还是应该以身作则来教育别人啊？

　　我希望我不是在向你们做斗争——艺术创造思想上的斗争——而是在希望你们帮助我共同向形式主义做斗争。因此，希望你们通过自己来向全体演职员进行深刻的教育，使大家为了现实主义的，从生活出发的艺术创造而坚持到底，为维护"我们的艺术"（斯氏语）而共同走向这一段相当长的艰苦的道路。

　　夜已深了，手腕酸痛，两眼酸痛。我今天虽然工作谈了六小时的话，看了三小时的戏，但，我心中的苦恼使我睡不着觉，使我不能不写完这封信。如果我说得太坦白，请原谅我有责任如此。朋友，同志，原谅我吧。

　　敬礼！

焦菊隐

一九五三年十一月二十五日凌晨二时

众人眼里的《龙须沟》

焦先生开创和指引的中国话剧民族化的方向,是中国话剧工作者永远去探求和努力的目标。对于中国话剧而言,焦先生是创新者、引领者,也是垂范者,他是导演中的导演,是一代宗师。

——任鸣

众人眼里的《龙须沟》

《龙须沟》写作经过

老舍

（1899～1966年）

中国现代小说家、语言大师，
新中国第一位获得"人民艺术家"称号的著名作家，
代表作品《四世同堂》《骆驼祥子》等，剧本《龙须沟》《茶馆》等。

在我的二十多年的写作经验中，写《龙须沟》是个最大的冒险。不错，在执笔以前，我阅读了一些参考资料，并且亲临其境去观察；可是，那都并没有帮助我满堂满馅儿地了解了龙须沟。

不过冒险有时候是由热忱激发出来的行动，不顾成败而勇往直前。我的冒险写《龙须沟》就是如此。看吧！龙须沟是北京有名的一条臭沟。沟的两岸住满了勤苦安分的人民，多少年来，反动政府视人民如草芥，不管沟水（其实，不是水，而是稠嘟嘟的泥浆）多么臭，多么脏，多么有害，向来没人过问。不单如此，贪官们还把人民捐献的修沟款项吞吃过不止一次。1950 年春，人民政府决定替人民修沟，在建设新北京的许多事项里，这是件特别值得歌颂的。因为第一，政府经济上并不宽裕，可是还决心为人民除秽去害。第二，政府不像先前的反动统治者那么只管给达官贵人修路盖楼房，也不那么只管修整通衢大路，粉饰太平，而是先找最迫切的事情做。尽管龙须沟是在偏僻的地方，政府并不因它偏僻而忽视它。这是人民政府，所以真给人民服务。

这样，感激政府的岂止是龙须沟的人民呢，有人心的都应当在内啊！我受了感动，我要把这件事写出来，不管写得好与不好。我的感激政府的热忱使我敢去冒险。

可是，怎么写呢？我没法把臭沟搬到舞台上去；即使可能，那也不是叫座儿的好办法。我还得非写臭沟不可！假若我随便编造一个故事，并不与臭沟密切结合，便是只图剧情热闹，而很容易忘掉反映首都建设的责任；我不能那么办，我必须写那条沟。想来想去，我决定了：第一，这须是一本短剧，至多三幕，因为越长越难写；第二，它不一定有个故事，写一些印象就行。依着这些决定，我去思索，假如我能写出几个人物来，他们都与沟有关系，像沟的一些小支流，我不就可以由人物的口中与行动中把沟烘托出来了么？他们的语言与动作不必是一个故事的联系者，而是臭沟的说明者。

好！我开始想人物。戏既小，人物就不要多。我心中看到一个小杂院，紧挨着臭沟沿儿。几位老幼男女住在这个杂院里，一些事情发生在这小院里。好，这个小院就是臭沟沿儿上的一块小碑，说明臭沟的罪恶。是的，他们必定另有许多生活上的困难，我可是不能都管到。我的眼睛老看着他们与臭沟的关系。这样，我就抓住臭沟不放，达到我对人民政府为人民修沟的歌颂。至于其中缺乏故事性，和缺乏对人物在日常生活中的描写，就没法兼顾了。

这本戏很难写。多亏了人民艺术戏剧的领导者与工作者给了我许多鼓励与帮助，才能写成。他们要去初稿，并决定试排。我和他们又讨论了多次，把初稿加以补充与修改。在排演期间，演员们不断地到龙须沟——那里奇臭——去体验生活。剧院敢冒险地采用这不像戏的戏，和演员们的不避暑热，不怕脏臭，大概也都为了：有这样的好政府而我们吝于歌颂，就是放弃了我们的责任。

焦菊隐先生抱着病来担任导演，并且代作者一字一句地推敲剧本，提供改善意见，极当感谢。假若这本戏在演出时，能够有相当好的效果，那一定是由于工作人员和演员们的工作认真与努力，和焦先生的点石成金的导演手法。

（本文载于1951年2月4日《人民日报》）

众人眼里的《龙须沟》

几件服装的说明

牛星丽

（1928～2009年）
北京人民艺术剧院表演艺术家。

焦菊隐与《龙须沟》

要我说出点儿有关《龙须沟》剧服装的道理来,我是无能为力的。因我本行是演员,"舞美"是我的业余爱好,我只能谈谈在焦菊隐导演此剧时,我参加服装设计时的点滴收获。试以几件服装为实例来说明。

程疯子的绸长衫(见图一、图二):

这件古铜色的绸长衫,是程疯子头一次登场和观众见面的服装。为什么这样打扮呢?俗话说,什么人穿什么衣服。现实生活就是如此。他的绸长衫不能穿在丁四身上,就是这个道理,因为丁四是蹬三轮儿的,只能穿短衣衫才合乎他的身份。《老舍先生和他的〈龙须沟〉》一书中,引了老舍先生的这样一段话:"我写《龙须沟》,如果从动笔写第一幕算起自然不长,要是从程疯子那件大褂儿、丁四那件短袄算起,而该是几十年了。"从这几句话中可以体会到老舍先生对剧中人物的生活经历、声容笑貌都很清晰,一点儿都不概念化。

图一

于是之在角色日记中是这样认识程疯子的:"他(程疯子)是没落的世家子弟……在衣着上:'能穿破,不穿错'。"剧本中的程疯子有这样的台词:"想当初,去戏院,唱玩艺儿,挣洋钱,欢欢喜喜天天像过年。"这几句台词也把他的过去生活面貌说出来了。可见,程疯子他原是相当不错的鼓书艺人,而不是从来就在天桥撂地卖艺的了。因此不能给人物随随便便穿一件一般的鼓书艺人穿的长衫。

图二

程娘子的那双皮鞋(见图三、图四):

排戏的初期,导演要求所有的演员,都得穿上代用服装来进排演场,以便加强人物的自我感觉。饰演程娘子的韩冰同志着一双代用的旧皮鞋排戏,不时地发出一阵阵节奏很强的嘎噔嘎噔声,再和她那干脆、利落的台词和动作相配合,这皮鞋不但没有干扰戏,反而更加强了人物应有的性格特

图三

征。和程疯子比,她是个强者,她有敢于和旧势力拼的劲头。导演同意把这双代用皮鞋定为正式服装。这件服装是在排演中诞生的。

丁四嫂穿的男人的衣服(见图五):

丁四嫂在龙须沟的小杂院里,生活最苦,孩子又多,再加上丈夫丁四性情不好,有时也不正经干活儿,还得靠她给人家缝补衣服过日子。她能有件衣服遮体就不错了。她就是这样一个善良妇女。给她穿上男人衣服,比在她身上多补几块补丁都要说明问题……她,一切都先紧着丈夫和孩子们。

演员叶子同志对人物体会得更深刻,更细致,更有办法渲染她的特色。她为了表现人物是如何生活在忙乱之中,有意把那件旧中式男人的对襟小褂的扣子错扣着穿。这就十分形象地说明了很多的问题。这一细节是真正的艺术之美。

图四

图五

图六　　　　　图七

丁四的短衣裤和"号坎"（见图六）：

丁四的衣服不需要更多的说明，一个"破"字就够了。但不能衣不遮体。他家有一个吃苦耐劳的丁四嫂，他不是衣服破了没人补的人。他的衣服原来是灰？还是蓝？已洗得看不清，但补丁摞着补丁是很明显的。这也是人物的特征，再加上他那件由于职业所必须穿的"号坎"，就足以说明他的生活和人物的精神面貌了。

小妞子的小红袄儿（见图七）：

它是全剧中色彩最鲜艳的，她在场上穿来穿去，像一朵小红花，叫人们喜爱。当她死在暴风雨中之后，叫人难以忘怀，那红红的颜色，欢快的影子，催人泪下。

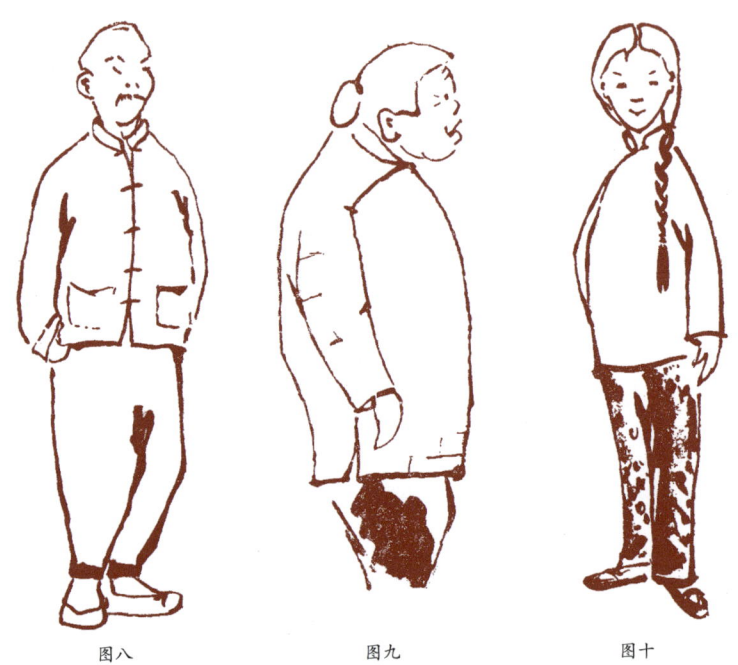

图八　　　　　　图九　　　　　　图十

赵大爷穿深灰布裤褂（见图八）：

老头儿为人正派、耿直。龙须沟的老住户，没有人不敬服他的，他的正气能把地痞冯狗子吓跑了。他衣着整齐，规矩。他的黑色布腿带，不论春夏秋冬都扎得整整齐齐的。

王大妈穿的深土蓝布半长衫（见图九）：

半长衫穿在王大妈身上，再合适不过了。剧本开始是解放前夕，这样衣着，时代感就出来了，这也合乎她有点守旧的思想性格。再扎上一小布围裙，职业特点也显示出来了。

二春的一件花小褂：(见图十)：

二春正当青春少女爱美的时期，但在王大妈守旧的眼睛里，女儿不能穿得太花了。因此，二春穿的是一件白底小绿花上衣，较深色的裤子。开始曾让她穿过白底红花上衣，后来改变了，但也没有压住二春青春少女独有的活力。绿色是青春向上的特点。

群众角色的服装：

《龙须沟》剧的群众角色，导演焦菊隐要求演员下大功夫，每个都要创造出有个性的鲜明的人物形象来。要让观众看出每个人物都是干什么的。要达到此目的，并非是轻而易举的事，往往并不比主要角色容易。

难点在哪里呢？群众角色，一没正式台词，二没有个人的主戏，还得让观众一眼就能看出他们或她们都是干什么的，如何完成这个任务呢？

群众演员都要和主要角色一样，给他自己扮演的角色写自传，明确自个儿的职业以及同各种人物的关系。服装设计在广泛熟悉生活的同时，还要具体了解每个演员的设想，并注意观察生活。

龙须沟两岸所居住的劳苦大众，五行八作都有，素材是丰富的。但不做较深入的观察，想要达到导演的要求"分出个儿来"却也不太容易。因为生活在龙须沟的人民，你乍一看，他们穿着都破破烂烂，似乎差不多，因此就得抓住每个群众角色的职业特点。一定要在特点上做文章，同时还需要用说明性强的手执道具来做补充，这就能基本上达到让人一眼就看出他是干什么的。

下面再以实例来说明：

打铁的（见图十一）：

一身土蓝布裤褂，胸前扎着一条帆布大围裙，面上有铁屑烧的洞，这样特点就出来了。

送煤球的小伙计（见图十二）：

用一条沾满煤屑的短围裙，就能和打铁的区分开。

扛大个儿的：

在肩膀头上搭着一块大白包袱皮。它的作用是，扛东西时能连头带肩都蒙上，因此人称他们是吃窝饭的。

图十一

图十二

拉排子车的（见图十三）：

他与扛大个儿的有很多共同点，身板好，衣服穿得麻利合身，肩上虽补着大块的补丁，但不显得破。补丁补得整齐，裤肥，扎裤角，穿着跟脚的布鞋，走起路来利索。他们大都会练两下子，腰扎板带，挺胸迭肚地一站真有个劲儿。

跑晓市的年轻妇女（见图十四）：

给她背一个非常大的大格包袱，这就够了。她所背的包袱要比一般的大两三倍。买破烂儿时，可多放衣服鞋袜，卖破烂儿时，铺在地上就变成了一个大地摊儿。

图十三　　　　　　　图十四

换洋取灯（火柴）的：

比背大包袱跑晓市的又低了一等。他身背柳条筐，走街串巷用洋取灯换取碎铜铁、破鞋、烂袜子来赚取点儿零钱度日。

修理自行车的（见图十五）：

头上戴一个自制钢卡子，当时干这行的兴这个。穿一双自己贴补过的旧回力鞋，抱着修车的工具就更清楚了。

剃头的：

身穿布长衫，在袖头卷起雪白袖口，腋下夹着剃头工具的蓝布包裹。

图十五　　　　　图十六

此外，群众角色随身的手执道具对表现不同的人物特征是很重要的。它能有说明职业特点的作用。例如，卖小金鱼儿的鱼盆（见图十六）；卖半空儿的小布口袋、小铁碗（见图十七）；还有买破烂儿的背筐（见图十八）等等。可举的例子很多，就不更多唠叨了。

服装对人物造型起着一定的作用，但起根本作用的是演员，只有演员获得了人物的自我感觉，再穿上合乎人物的服装，才能创造出形神兼备的角色来。

舞美设计者在帮助演员造型时一定要细心地听取每个演员对自己所扮演的角色的想法与要求，他们比设计者对人物的想法要细得多、丰富得多、具体得多。在《龙须沟》剧服装上，一些能突出人物特色的地方，很多设想是来自演员的。前面的赘述亦能

图十七　　　　　　　图十八

说明这一点。

　　服装设计在导演总的艺术构思要求下，和演员是互相启发帮助的关系，设计者从演员那儿得到的只能更多。《龙须沟》中每个角色服装、造型，大家都感到出了力，是共同创造的艺术形象。

　　话剧是一门综合性很强的艺术。《龙须沟》剧在这点上表现得非常突出。布景、服装、化妆、效果、灯光、道具等部门在导演统一的构思下工作。总的舞台艺术形象是和谐的，这才能更突出戏的中心思想。为了艺术的整体性，舞台各部门必须互相丰富补充，同心协力，服装设计更必须如此，这也可以说是艺术创作的规律吧！

1984 年（插图：牛星丽）

众人眼里的《龙须沟》

剧中人物：丁四嫂（叶子 饰）

众人眼里的《龙须沟》

焦菊隐先生

任鸣

北京人民艺术剧院院长、著名导演。

研究焦菊隐先生的书和文章很多,每次看无论是焦先生导演的作品,还是他的文章以及别人研究他的书和文章,我都能从中受到启发和引领,从中发现不少方向和原则上的指导。

焦先生的眼光、格局、手笔、境界、修养和学问都是超一流的,他的探索和创新是话剧界的楷模和典范。他的权威是无形的,他的影响是巨大而深远的。话剧界的许多问题,常常需要到焦先生的作品和著作中去寻找答案和方法。他仿佛是一个源头,让人去寻根求源。他又是一座高山,让人仰望和探寻。我对焦先生的研究从未停止过,也没有想过停止,反复研讨以求获得话剧艺术的真谛和秘籍。虽然受益颇多,但仍然不得其根本,难得其宗。焦先生的作品让我们景仰,但其中真正的艺术核心的原理和精神,依然是很难掌握其精髓的,不然就很难解释,为什么在话剧艺术创作上,依然没有产生出超越《茶馆》的作品。而《茶馆》的卓越远远超出了作品本身。焦先生开创和指引的中国话剧民族化的方向,是中国话剧工作者永远去探求和努力的目标。对于中国话剧而言,焦先生是创新者、引领者,也是垂范者,他是导演中的导演,是一代宗师。

我平生有一个大的遗憾,就是没有亲眼见过焦先生。他在"文革"期间去世,我那时很小,根本不可能见上焦先生。我是从他的作品中,他的文章里去了解和体会他的艺术见解和理论的。在众多艺术家中,我最想见的人是焦先生,其实也没什么特别的想法,只是想亲眼看见一下先生的神采——原来,这就是那位导出了《龙须沟》《茶馆》的导演。在焦先生生前，我是没有机会觐见这位大导演的，死后就更别想了。有了这个遗憾，所以，只要有机会同人艺的老人儿聊天，我常会问上一句"您见过的焦先生是什么样子？"每个人的讲述不尽相同，但都有某些共同点。比如焦先生比较严肃，不苟言笑。有大学问的人都比较难接近，所以，一般人都有点儿怕他，因为他是权威。每每听到这些，我是相信的。因为在我心目中，焦先生是一个比较严格严肃的人，一般话不多，有点儿高冷，不太合群从众，与众人保持着一些距离，属于超凡脱俗的一类吧。因为普通人是比较难于理解他们的，也交流不起来，不是一个段位，轻易搭不上话。我在内心中给焦先生画过像，是一种心像。朱琳老师形容焦先生的词是："前无古人，后尚无来者。"她认为在话剧导演中，焦先生是无可比拟的，是权威，是真正的大师。超常之人必有超常之处，焦先生之后人艺还会出现这类人物吗？这是一个让人思考的问题。杰出的人总是孤立的存在，人艺有一种孤立存在的人，特立独行无可替代。比如英若诚先生。他们的独立存在，他们的个性色彩，是人艺壮观的独特风景，更是风光无限。我见过英先生，同他讲过话，这是我的荣幸。我没能见过焦先生，没法同他说上话，是我的遗憾，是无法实现的心愿。

焦先生永远不会知道，在他创建的剧院里有一个后辈导演叫任鸣，也不会知道，这个导演很想觐见焦先生，哪怕一面。如果问我想见焦先生干什么？我可能答不上来，就是很想见一下，目睹其真人。因为没有想问什么的底气和学问，只是想见一面，让我看到那位导演了《龙须沟》《茶馆》的人。

焦菊隐导演：新中国成立后的起跑点

郑榕

北京人民艺术剧院表演艺术家。

《龙须沟》在形成北京人艺舞台艺术现实主义风格上的历史作用，永远不会被抹杀。

焦菊隐导演来到剧组不久，便发现当时"大学斯坦尼"中忽视外部形体动作，导致"表演情绪"的问题严重。他在给副导演金犁的一封信中提到："学习斯氏的方法，要求演员能生活于角色，首先要懂得角色的生活。缩短演员与角色的距离，表演要强调符合生活逻辑和真实，这就意味着演员必须深入体验生活才能获得创造形象的基础……"

当时，他的指导思想是十分明确的，就是要创造一种社会主义的、民族的新型话剧舞台艺术。他说：我们之所以需要斯氏体系，正因为它的目的就在于帮助演员在舞台上创造出有血有肉的真实形象。

"焦先生把排演分为两个阶段。前一个阶段属于体验生活的继续，要让演员明了初排不是'表演'，而是'生活'，我体会所谓生活起来，也就是行动起来。"金犁说。

焦先生在他的总结里说：有了思想便产生意志（愿望），有了愿望才产生行动，随着行动而来的是情感和更多的意志（愿望）。接着便产生新的行动，新的行动又引起更浓厚的新情感和新愿望……实际上是挖掘人物心理行动的过程。人的行动主要来源于意志（愿望）和具有一定的目的。这是使舞台上出现一片生活的基础。只有人物行动起来，舞台上的生活才是有机的，这就从根本上改变了以往排演中从情绪出发，从感情结果出发，本末倒置的错误方法。

焦先生正是把握了"戏剧是行动的艺术"这一本质特征，全面理解斯氏对于角色创造的观点：演员不仅要体验人物的思想感情，还要用自己的形体去体现人物外在行动，从而创造出特定情境中的典型人物。《龙须沟》的排演是以后逐步形成北京人艺表演风格的起跑线。

焦先生说：我们演这个戏还要有一个更进一步的企图：通过戏中每一个人物思想的改变和发展，让观众认识到生产建设和建立出来的美好幸福的日子，每个人都要投进自己的力量，集体完成它，这就是我们这个戏的"最高任务"，是指导我们这次工作的方针。过去我们曾经简单地认为这个戏是"两个社会的对比"，经过"最高任务"的提出，使我们明确了我们要表现的是人，是人的向上精神。

如，程疯子的最高任务就是："我也要做出点事情来。"

2018 年 8 月 15 日

众人眼里的《龙须沟》

我所知道的焦菊隐先生

李滨　北京人民艺术剧院表演艺术家。

话说当年《龙须沟》排练，谁来导演是个难题。当年华北人民文工团自1949年进城后，便于1950年策划建立了北京人民艺术剧院，那还是个以音乐歌舞为主的综合性大剧院。其主要力量在于音乐（管弦乐）、声乐（含歌剧、舞剧）及接管的国民政府所辖军乐团和散落在民间的昆曲而集中于一处的综合性舞台艺术。其中，话剧力量相应薄弱，只是接管了国民党华北十一战区所属的二队及部分话剧从业人员和部分青年学生。而叶子，是唯一一位于20世纪30年代出身于国立剧院并闻名于话剧界的资深演员。谁来任排练《龙须沟》的导演事关重要。此时叶子向人艺创始人李伯钊推荐了正在北师大任教的焦菊隐先生。

焦菊隐是谁？对出身于上海"工运"，在苏维埃共产运动的江西瑞金成长，曾留学苏联中国劳动者孙逸仙大学，又身经二万五千里长征的红军战士李伯钊而言，这位从重庆抗战大后方走来的焦菊隐是一无所闻。他在大后方处境如何？处于何等政治背景？是否是"中华全国文艺界抗敌协会"之主流人士？对此，全然不知。而毫无"门户之见"的李伯钊接受了叶子的推荐，焦先生来到了北京人民艺术剧院担任话剧《龙须沟》的客座导演。

由此，老舍的剧作，经焦菊隐先生不拘一格的导演处理，这部由"市领导命题"的以宣传"市政建设基本路线"为内容的话剧有了突破性的艺术表达，在舞台上以焕然一新的面貌征服了观众，获得了业内外的一致好评，轰动了四九城。由此，成就了一个剧院，成就了以于是之为代表的一代演员，成就了焦菊隐先生从此告别以教学为主的生活而步入导演专业的创作生涯，并由此开启了他在开拓话剧民族化、创立"中国学派"的艺术研究和学术建树之通途。《龙须沟》的成功，堪称是话剧史进程中的一段传奇佳话，从此北京人艺在京城观众中扎下了根。

我和《龙须沟》结缘也是一段奇遇。

在《龙须沟》历经数月排练后即将上台合成、公演之际，意外发生了。王二春的扮演者李晓蓝身体不适。为了不影响排练，临时将我和牛星丽从正在为"抗美援朝，保家卫国"进行的街头宣传活动中抽调出来，到《龙须沟》排练场成为李晓蓝的替身。我临危受命，手持剧本和其他已经排练数月的演员对戏、排练……不料，李晓蓝竟三次虚脱、不适……在临上台时，身体仍虚弱难当，于是我这个临时替身便粉墨登场。我作为替身，在排练中焦先生从未对我提出什么要求。我想，是由于替身无须指点。直到上台合成、彩排……焦先生只说了一句："李滨的二春刚劲有余，而温柔不足。"我的领会，焦先生对我所饰二春是认可的。回想在临时替补中，我的任务只是为保证全剧排练进度，这是我唯一的任务，所以，无任何杂念，全在一种自然状态中完成我的替补任务。加之，我的年龄与性格和角色又相近，便在"替补"排练中，误打误撞地"完成"了对王二春这个角色的创造。在焦先生眼里通过了，只是留下了"温柔不足"的评语。我想，正是我的坦然而无得失杂念所累吧，这也正适应于焦先生对全剧的要求：

回归真实的自然生活状态，摒弃一切拿捏造作的表演及拿腔拿调的陈腐模式，要求演员在台上全然生活在人物中。如边干活儿边说话……真实自然地展现城南一隅的底层民众的困难生活，而在艰难的挣扎中又不失北京人自我调侃的特有风趣的鲜活性格。对如此自然生态的舞台处理，我不畏惧。因为摒弃过往的舞台腔，使我很快融入不同以往我所看到过的舞台状态——没有表演痕迹的舞台生活，能自如应对，从此我与话剧结了缘。回想，之后在《茶馆》中我所饰的康大力——一位男性少年，我虽是"反串"扮演，焦先生对我的表演，依然顺利通过。焦先生素以严格苛刻的作风著称而令人生畏，可我在这两个戏中，却从未曾有丝毫的恐惧感。

《龙须沟》演出后，于1951年秋冬之际，人艺有一批人参加全国土地改革工作团，分布到全国各省地，其中有十多人分到皖北参加土改，我便与焦先生分到第六土改工作团。焦先生任团长，副团长由市政府一位党员干部担任。当时，人艺领导责令我随焦先生土改期间做他的统战工作，（当时，我是青年团干部，又是党的培养对象）在土改中我随焦先生分到阜阳地区阜南县农会。在这三四个月近距离接触中，我有机会看到了他的平时的一面。因此，我对焦先生的直观中，我看到他是位普通人。他通英、法两国文字，博览群书，触类庞杂而学识渊博的同时，他又"识人间烟火"。他的生活习惯很特别，即每日起床，必拿出老年间妇女惯用的梳头匣子，打开支起一面镜子，下面有三个小抽屉，分别摆放梳头用具，如梳头的梳子、篦子等。焦先生支起镜子，随即用手按摩面部、用手敲击头部，又用疏密不同的木梳和竹制的篦子，从头到发根反复梳理数十次。那几个月，未见他洗过几次头，却将头发护理的油黑润亮……这和他常年用木梳护理发际有关。由此，直到他临终，他的思绪保持机敏而少昏痛状。

土改期间，他常与我及当地县农委的青年一起讲故事。他很想写一部话剧《白毛女》，虽然心愿未得实现，但，在日后的六十年代，赵起扬写了一部以秋收起义为背景的话剧《星火燎原》，他欣然接受导演此剧，而且是与哈尔滨话剧院同时与人艺分排此剧；他一人同时排两台《星火燎原》并于同年 5 月 1 日分别在京、哈两地上演此剧，为此剧付出了心血。

在那个六十年代中期前后，焦先生很少有戏排，他辗转到上海排了《上海一家人》之后"文革"开始。在那个荒诞的年代，人艺的艺术权威"四大导"均被集中到大楼（今菊隐剧场）居住，整日干着保洁员的劳作。而焦先生是其中最会干活儿、干得最在行的一位，这缘于他平时在家，虽有保姆，却常亲力亲为。如在家收拾冬季取暖的煤炉，打扫煤灰，他常将未烧尽的煤核儿用炉钩敲打出来，积少成多，继续用于封火时盖子上的那层碎煤渣，很好用。这一切，足以说明他是一位普通人。

他在"文革"中长期郁闷，又长期大量吸烟，不幸患了肺癌。在他住院期间，我去看他，他对我说："化验单上有 ca 这个符号，我知道，我得了肺癌。"他临终前，我又去协和医院看他时，他那时已是肺癌扩散到肝部，但他仍很安逸地告诉我："宏宏的户口落上了。"这是他唯一牵挂着的心事，此事解决，他看到了希望，很平静地向我诉说这件值得他欣慰的事。这时已是 1975 年 2 月下旬……也是我，在这个寒冬中，听到他说的最后一句话："宏宏的户口落上了。"

焦先生于1975年2月28日闭上了眼睛。焦先生，在那个春节后，在那个寒冷的冰冻的年代走去了。

在和焦先生仅二十几年的从工作、排练、生活的接触中，他独特的见解，深深地影响着我，直至今日……

他注重细节。如山路的石头路阶，经常年累月的脚踏踩磨，原本见棱见角的石阶能磨出局部圆滑的形态。如木门槛，久经人们走过，都会在中间部分被磨得有凹下的痕迹。如树木出土处总有坡度，不同于电线杆直上直下地立在那里……这一切细微之处都逃不过他的视线。

他主张一戏一格，不是形式上的标新立异，而是根据不同剧作及话剧舞台上普遍存在的问题，在排练中有的放矢解决问题，之后达到效果。

如《虎符》的排练。那是1957年，当时普遍存在的问题是舞台上的"拖"与"温"，偏于内心体验而疏于外部体现。因此，他在《虎符》的排练借用京剧中锣鼓经，激发演员外部行为的节奏起伏变化。

如《蔡文姬》的排练。舞台呈现的是写意式，不讲究细节多么真实，多用幕布、幕条表现帐篷与参天大树。而摒弃天幕，使用黑绒幕遮盖整个背景，投以灯光使之深邃感，并用侧光置于台板上，突出局部，似是电影特写等诸多手法，同时，强调台词的简洁和明快的节奏，使对话流畅而又有力度。又如《武则天》，则是呈现大唐威势，将三堂景同时置于舞台上，前景和后景成叠加式，利用转台，前景是寝宫一隅，其他几场戏成为后景，层层叠叠造出游廊走厦的壮观景色，而且要考据历史上的不同的服饰花纹等等细节。也就是说《蔡文姬》是写意处理，而《武则天》取写实之细腻。

《茶馆》是现实主义处理，而在细小的情节中给以重笔彩描。如，马五爷的出场、下场就费了些心思。此人物，仅第一幕出现瞬间，但，此人物的出现对清末民初时代背景是不可或缺的一事。如此人物，开幕前既已在台上左后方一个单座的角落里，开始并不被人理会。待二德子上场耍威时，马五爷先声夺人的呵斥声："二德子，你耍什么威风呀！"二德子见马五爷，立即威风扫地，此时教堂钟声响起，马五爷款步走出单桌高座，从台左后方走向台前，再从中间向门外背身划着十字，再稳步走向教堂。这人物之一笔，便知当时京城已是外教传入，很是特别的一笔，给人留下深刻的印象，加之马五爷的扮演者董行佶，仅一句台词，犹如京剧闷帘出场的处理，实在绝妙，令人叹服。这个人物如此处理，突显清末民初的动乱局面及洋教的本土化——殖民统治的萌芽先从意识形态入手，等等各种文化元素点缀其间。

以上几例，可以看到焦先生的统观全局，而对于细节不可忽略的勾画是全局保证的基础。

总之，没有细节，就没有总体。是我从焦先生身上学到的。

2018 年 12 月 25 日

焦菊隐与《龙须沟》

众人眼里的《龙须沟》

"打铁"的故事

牛响玲

牛响玲和母亲金雅琴（1925～2016年，北京人民艺术剧院表演艺术家）。

焦菊隐与《龙须沟》

新中国成立后的第二年,北京市政府决定要修治那条劳动人民难以生存的臭沟龙须沟。这件事刺激了生于清末、学于西洋、成名于民国,刚刚从美国赶回故土的老舍,他写了一个剧本叫作《龙须沟》。这件事还刺激了一位深受法国戏剧浸润,一直在话剧与京剧间无所适从的导演,名叫焦菊隐。一个老舍,一个焦菊隐,加上共和国组建起的集中了形形色色的话剧演员的北京人艺,在焦菊隐一句"要贴近百姓,一片生活"的指引下,成就了一出伟大的戏剧——北京人艺的《龙须沟》。

焦菊隐先生对剧组全体下了个死命令,即每个人都要去龙须沟体验生活,去接触百姓,去亲身体会这种伟大,去认同这种伟大。他要求每一个演员,不管角色大小,都要写出自传,要用生活创造生活的艺术。

我爸牛星丽是《龙须沟》剧的服装设计,焦先生要求他"不管什么人,只要往台上那么一站,必须让观众看出来,这个人物的出身、职业。说通俗点儿,就是让观众一眼看出来他是干什么的"。我妈金雅琴是在 1949 年以前就已经是成名的明星,在《龙须沟》剧中饰演避雨的群众,兼做舞台效果。剧中有一段打铁效果,只呈现声音,我妈觉得这很容易,没当回事。排练时,焦菊隐先生忽然就发了很大的脾气,喝问:"那铁是谁打的?!"我妈吓得哆里哆嗦从后台走了出来。焦先生看是我妈，那时她还是个二十岁的小丫头，焦先生也没多说，命令道："明天早上去天桥看一看打铁师傅是怎么打的！要从声音中打出形象来。"

我妈没敢吭气，第二天天不亮就奔了天桥。我妈到铁匠铺一看，傻了眼，原来打铁是那样好看——几个精壮男人，光了膀子，露出健美的身材，把铁打得节奏分明，铿锵沉着悦耳。"叮当，叮当，咣，咣，叮叮当！"个中所蕴含的"力"，令这些社会底层的汉子格外的美。我妈几乎看迷了。我妈回剧院再做打铁的效果时，焦先生笑了，满意了。

北京人艺，三大编剧，四大导演，以及舒绣文、于是之、朱琳、蓝天野、郑榕，还有我的父母，他们因对中国人的生活的熟悉而创造出中国的话剧，如果用一句话来概括我的父辈们创立的"北京人艺风格"，那就是以焦菊隐先生所要求的真实地去体验生活，然后才能在舞台上呈现出一片生活的景象，那就是以实实在在的中国人的生活为基础的话剧艺术。他们曾因中国人的苦痛而悲哀，他们曾因中国人的欢乐而欣喜。这种风格，现在已经去世的妈妈生前一直坚持着，她曾因此获得东京电影节与金鸡百花奖"影后"的盛誉。我妈说："这仍然是北京人艺风格的胜利。"作为女儿，我太清楚她这段发自肺腑之言了。

众人眼里的《龙须沟》

昔日龙须沟，今日金鱼池

——一个由戏剧艺术传承下来的京城社区

赵秋洁

中共天坛街道工作委员会书记。

焦菊隐与《龙须沟》

人艺有个经典保留剧目，叫《龙须沟》，人们都知道原著是老舍先生，但把剧本搬上话剧舞台并打造成经典的，是人艺的著名导演焦菊隐先生。走进今天的金鱼池小区，生活在这里的大人、孩子们都知道：要是没有当年的老舍先生、焦菊隐先生，就没有今天的金鱼池！

我是2009年被组织任命到天坛街道任主任的。当时，天坛街道每年4月18日举办的金鱼池社区节是那时候崇文区的一个重要节日！因为，2002年的这一天，是龙须沟第三次改造后居民回迁的日子！至今，社区节已经举办15年了，每年都有新内容、新变化。街道工委、办事处为了让大家记住新中国成立以来普通百姓生活的变化，并记住这个日子，在社会各界，特别是北京人艺的帮助下，把活动办得越来越有特点了。

说起金鱼池的三次变迁，必须要讲老舍先生的原著，更要讲焦菊隐先生作为戏剧大师的贡献！新中国成立之初，老舍先生以龙须沟百姓生活为蓝本，创作了反映北京南城平民生活发生翻天覆地变化的《龙须沟》，而作为导演的焦菊隐先生，通过话剧再创造，把剧本里的"金矿、宝藏"努力挖掘出来，把鲜活的人物和逼真的生活场景，浓缩到舞台上。再创作的过程，何尝不是作者源于生活、高于生活，从群众中来、到群众中去的过程！

创作者的智慧和汗水让这出话剧成为北京人艺的看家剧，也成为百姓心中永恒的经典！更成为党和政府改善平民百姓生活的代名词！试问，若没有当年的话剧，一个老北京普通得不能再普通的地方，能成为经典的作品吗？能成为每个时代首先被改善的对象吗？能成为今天全国各地人们都想来看看的新社区吗？每每想到这里，居民们就要感谢伟大的艺术家——是他们把普通百姓的生活上升到北京文化层面而取得了如此成果。

龙须沟带给我们的，不仅仅是经典，还有一种观念：那就是相信政府，感谢政府！每个年代的拆迁都难，但在2001年的龙须沟改造工程，竟然实现当年拆迁，第二年建设并回迁！这里，有政府的正确决策，有居民的同心配合，更是因为有了话剧《龙须沟》这个文化内涵！当时的崇文区委、区政府把矗立了近五十年的简易楼改建成了如今低密度、街坊式的庭院化小区，水、热、电、气都入了户，大家怎么能不拍手称快！

金鱼池与北京人艺有着不解之缘！复排《龙须沟》时，剧院的领导就请了这里的老街坊前去观看，成为第一批观众。几任院领导都亲临过社区节现场，并带领演员和群众一同过节。出演过二春的李滨老师，常年为街道的金鱼池话剧社做辅导，并带着普通的社区群众，演到了国家大剧院！当年写过金鱼池续集话剧《万家灯火》的剧作家李龙云先生，在去世的前一年也来到过社区节，鼓励我们办好群众自己的节日！舒乙先生更是年年到现场，与这里的老街坊们都成了朋友！

如今，这个普通百姓居住的小区，充满了京城特有的文化味儿。小区中心花园的小妞子雕像好像时刻在提醒人们不要忘记新中国成立前的艰苦生活。社区博物馆里的老照片、老物件,诉说着金鱼池的前世今生。社区活动室里满满两大墙奖牌、奖状记录着这里的居民在街道、社区的带领下度过的一段又一段美好时光!文化长廊随时更换市、区文化活动的新内容,树下聊天喝茶的大爷、大妈们亲切热情……所有这一些,源于艺术家们的贡献,源于传承者们的奉献!

众人眼里的《龙须沟》

龙须沟体验生活——当时的民房

现在金鱼池